本书受教育部人文社会科学研究项目（项目号：16YJC630039）和
国家自然科学基金青年项目（项目号：71602131）的资助

IPO 发审委员审核行为
及其影响研究

黄亮华　著

中国财经出版传媒集团

经济科学出版社
Economic Science Press

图书在版编目（CIP）数据

IPO 发审委员审核行为及其影响研究/黄亮华著.
—北京：经济科学出版社，2020.4
ISBN 978 - 7 - 5218 - 1471 - 2

Ⅰ.①Ⅰ…　Ⅱ.①黄…　Ⅲ.①股票发行 - 金融监管 -
影响因素 - 研究 - 中国　Ⅳ.①F832.51

中国版本图书馆 CIP 数据核字（2020）第 062944 号

责任编辑：谭志军
责任校对：隗立娜
责任印制：李　鹏　范　艳

IPO 发审委员审核行为及其影响研究

黄亮华　著

经济科学出版社出版、发行　新华书店经销
社址：北京市海淀区阜成路甲 28 号　邮编：100142
总编部电话：010 - 88191217　发行部电话：010 - 88191522
网址：www. esp. com. cn
电子邮箱：esp@ esp. com. cn
天猫网店：经济科学出版社旗舰店
网址：http://jjkxcbs. tmall. com
北京季蜂印刷有限公司印装
710 × 1000　16 开　11 印张　200000 字
2020 年 4 月第 1 版　2020 年 4 月第 1 次印刷
ISBN 978 - 7 - 5218 - 1471 - 2　定价：48.00 元
（图书出现印装问题，本社负责调换。电话：010 - 88191510）
（版权所有　侵权必究　打击盗版　举报热线：010 - 88191661
QQ：2242791300　营销中心电话：010 - 88191537
电子邮箱：dbts@ esp. com. cn）

自　序

　　中国的司法制度属于"大陆法系"，对于案件的判决完全依照已有的成文法典，而英美司法所属的"判例法系"则与之存在比较典型的差异，对案件的判决更依赖于一系列已有的判例，给予法官更多的能动性。为了避免法官对犯罪事实判定存在偏差，英美司法设置了颇具特殊的"陪审团制度"，由陪审团来对犯罪事实成立与否以认定，以防止法官个人判断的偏差。鉴于陪审团最终需要做出有罪或无罪的"非黑即白"的判断，在案件判决过程中起着决定性的作用，这一制度的有效性一直是英美法学研究的一个热点问题，但由于判例的非标准化，一直未能有令人信服的经验证据来支持或反对该制度。

　　尽管中国为大陆法系的国家，但在文化上更倾向于集体主义，在科学决策的过程中更注重强调和依靠群体的智慧，委员会式的决策组织和流程在中国非常流行，如常见的公司董事会决策制度、政府采购的招投标委员会制度等。这些制度安排同英美法系的陪审团制度有着诸多相似的地方——决策均为群体行为，综合利用个体的信息和知识优势来避免个体判断的偏差。作为中国IPO发审制度中重要制度设计，中国的发行审核委员会制度同英美法系中的陪审团制度非常相似：发审委员主要通过发审会来对公司的IPO申请进行审核，通过阅读申请人的申请材料、对申请人和保荐代表人的聆讯，以及发审委员之间的讨论，形成自身对发行申请的审核意见，最终发审会的意见只有"通过"和"未通过"两项，与陪审团成员在法庭审理的过程中，通过观察控辩双方的陈述、呈现的证据、原告和被告的表现等，结合自身的经验和知识对案件做出判断，并通过和其他陪审员的沟通和交流来形成最终有罪还是无罪的判断，并无二致。

1

本书独辟蹊径，借鉴了陪审团成员决策的方式来思考和探究发审委员的决策行为，并考察发审委员的决策行为对资本市场的影响。鉴于发审委制度的稳定性，发审委员的特征和审核标的公开信息，以及审核结果的可观测性，发审委制度的执行结果，为我们理解陪审团制度、思考该制度的有效性提供了较为丰富的经验证据。

另外，由于发行审核委员会的决策直接决定了公司是否能够在资本市场上通过公开发行新股的方式募集资金，因此作为上市公司质量的"看门人"，其审核行为直接决定了二级市场上的投资标的是否具有"持续盈利能力"，投资者的利益，特别是中小投资者的利益，能否得到有效的保护。发审委制度的有效性对于我国资本市场的有效性有着至关重要的作用。本书的一些发现对于分析和评估发审委制度的作用，以及调整、改进甚至存废该制度，提供了一些经验证据和思考的方向。

总体而言，本书运用陪审团成员的决策概念模型来分析中国资本市场特有的发审委制度的研究无疑都还属于尝试性质，肯定存在诸多需改进之处，但其中一些有趣的发现对于理解中国的资本市场和中国文化依然会有一定的帮助，望其能起到抛砖引玉之作用，促学界同仁重视并着力推进该领域的研究。

黄亮华
2019 年 6 月

前　言

　　发审委制度作为我国新股发行核准制中为提升"新股发行工作的质量和透明度"而设计的最具特色的制度安排，从1993年建立，至今已运行了20余年。但发审委审核的有效性却一直备受质疑，社会上甚至出现了"解散发审委"的声音。随着我国资本市场成熟度的提高，IPO制度由核准制向更加市场化的注册制迈进，应该及时总结发审委制度运行的经验教训，以为注册制之健康运行提供借鉴。

　　本书主要针对发审委制度中看似简单但却很关键的发审委员任期安排展开分析和研究，研究其对发审委员发审行为的影响。本书选取2006~2012年由发审委审核的拟IPO公司为样本，依循"陪审团"式决策的理论模型，研究发现，发审委员的任期确实对其发行审核标准产生影响，令发审标准存在波动。具体包括三部分内容。(1) 发审委员的委员身份为其提供了寻租的机会，故而发审委员存有降低审核标准的动机。发审会上，同拟IPO公司间接关联（如通过拟IPO公司的承销商作为桥梁相关联）的与会委员越多时，IPO申请被否决的概率越低。(2) 证监会在发审委换届时，对于审核质量较差的发审委员会予以撤换。公司上市后发生业绩迅速"变脸"的概率同该公司发审会的与会委员中被提前"撤换"的委员人数之间存在显著的正相关关系。为获得证监会的续聘，发审委员存在严格审核的动机。(3) 发审委员存在"每届的任期为1年，最多连任3年"的任期安排，随着任期的延续，前述二类动机的强度会此长彼消，审核标准会随之降低，审核质量也将逐步下降。表现为同样或类似的业绩条件和财务状况下，与会发审委员所处的任期越长时，申请人过会的概率越高。

　　在此基础上，本书进一步研究了发审委员审核标准的变化对资本市场的影响。发审委作为鉴证中介，其审核的严格程度对于拟

1

IPO 公司的质量具有一定的信号作用。实证结果显示，发审会的与会委员任期较短时，IPO 参与各方对公司质量更有信心，新股定价会相对高；反之，则会确定相对低的价格，降低网下有效中签率，以降低发行风险。尽管如此，相对低的发行价并不能完全弥补二级市场上的投资者的担忧，上市时的抑价依然相对更低。

本书的研究结果表明，发审委制度确实存在一定的问题，尤其是其中的发审委员任期安排制度存有可改进之处，但与此同时，对于整个资本市场而言，发审委具有明显的信息中介特征。本书的研究成果不仅具有较好的理论意义，而且对于注册制时代的发行审核制度安排也具有较高的借鉴价值。

目　录

第1章

引　言

1.1　研究目的和意义

1.1.1　研究目的

1990 年上海证券交易所和深圳证券交易所成立，在经历了 20 多年的发展后，截至 2013 年 12 月 31 日，我国的 A 股市场已经有约 2500 家上市公司，总市值达到当年国内生产总值的 42.03%，成为全球第四大市值的证券市场①。"我国的资本市场已逐步成长为一个在法律制度、交易规则、监管体系等各方面与国际普遍公认原则基本相符的资本市场"②。

但我国的证券市场在高速发展的过程中，仍然存在一些明显的问题，其中新股发行的高发行价、高市盈率和高超募资金的"三高"现象因尤为明显而备受关注。"三高"问题也是长期困扰监管层的难题，监管层对之做了各种努力，在 20 多年的时间里对 IPO 制度进行了频繁的修改和调整，但相关问题却依然没有得到解决。里特（Ritter，2014）统计了世界各国新股首日的回报率，

---

① 中国证券管理委员会编. 中国证券监督管理委员会年报 2013 ［M］. 中国财政经济出版社，2014.

② 中国证券管理委员会编. 中国证券监督管理委员会年报 2012 ［M］. 中国财政经济出版社，2013.

中国 A 股市场在 1990 ~ 2010 年新股的首日回报平均约为 140%，为全球最高的几个国家之一①。而且由于我国的证券市场缺乏"理性投资的文化"②，参与新股首日交易的投资者普遍亏损，依据深交所披露的信息，自 2009 年 7 月至 2013 年年末，约 50% 的次新股（上市时间少于 1 年）跌破了上市首日收盘价，特别是首日抑价超过 100% 的新股中，更有超过 70% 的个股属于此情形。这些次新股平均下跌了 36.73%，最大的甚至达到了 73.69%。2011 年、2012 年参与上市首日买入的投资者中，亏损账户占比分别为 65% 和 56%，平均亏损率为 10%，单个账户最大的亏损金额为 1400 万元，最大亏损幅度为 58%。

出于投资者成熟度等因素的考虑，为保护投资者，我国的 IPO 制度采用了核准制。同时为了增加"新股发行工作的质量和透明度"，引入了新股发行审核委员会（以下简称"发审委"）这一特殊的专家群体决策组织来帮助投资者筛选恰当的 IPO 公司，"对每一个发行人的审核决定均通过会议以集体讨论的方式提出意见，避免个人决断"③。发审委制度作为中国特色的新股发行制度中最重要的制度安排之一，从 1993 年建立，至今已运行了 20 余年。伴随着该制度运行中出现的各类问题，中国证监会也对之进行了多次重大的修订，但该制度的运行效率仍然存在一定的争议，特别是随着"立立电子""新大地""胜景山河"等 IPO 造假事件的曝光，发审委审核的有效性受到了相当多的质疑，社会上甚至出现了"解散发审委"的声音。而随着我国资本市场成熟度的提高，我国的 IPO 制度拟由核准制向更加市场化的注册制迈进，发审委制度是否有保留的必要，如果保留，已有的制度安排是否存有改进的空间，如果废弃，哪些功能需要保留，哪些经验教训可以借鉴等问题也越来越为社会各界所关注。

本书的研究对象就是发审委制度，本书主要针对发审委制度中看似简单但却很关键的发审委员任期安排展开分析和研究，研究其对拟 IPO 公司发行审核标准的影响以及其资本市场效应。具而言之，本书将选取 2006 ~ 2012 年由发审委审核的拟 IPO 公司为样本，依循"陪审团"式决策④的理论模型，通过检验发审会

---

① Ritter. Initial Public Offerings: International Insights (2014 Update) [EB/OL]. http://bear. warrington. ufl. edu/ritter/Int2014. pdf.

② 深交所：炒新账户普遍亏损须理性投资新股 [EB/OL]. 2014 年 01 月 20 日，http://money. 163. com/14/0120/17/9J24T04200252EEK. html.

③ 证监会. 中国证监会发行监管部首次公开发行股票审核工作流程 [EB/OL]. http:// www. csrc. gov. cn/pub/zjhpublic/G00306202/201501/P020150123570154686846. doc.

④ 所谓"陪审团"式决策，在本书中特指通过集体投票的方式来进行决策，而且决策结果"非是即否"，不存在除这两类状态之外的其他中间态的一种特殊的决策形式。

与会委员的特征和拟 IPO 公司通过发审会（以下简称"过会"）的概率之间的关系，来分析与会委员们有否始终如一地坚持了相同的审核标准，并据此推断发审会审核的严格程度。在此基础上，考察发审会环节有否对发行人、承销商和投资者在新股定价、申购以及二级市场的交易等活动中的行为造成影响。

1.1.2　研究意义

本书研究的理论意义在于以下几个方面。

第一，发审委审核制度作为我国核准制中特有的制度安排，是我国 IPO 核准制最重要的组成部分之一，也是一种类似"陪审团"式决策典型的制度安排。本书沿循"陪审团"式决策模型的预测，发现的经验证据支持了该模型的科学性，有助于该模型在类似制度有效性的研究中的推广和运用。而本书发现的决策人员的任期会影响决策质量，决策的标准会随着决策人员任期的延续而降低的结论，对于提高此类决策形式的科学性提出了亟待解决的新问题。

第二，发审委制度作为保护投资者的一项制度设计，其实现的途径是帮助投资者挑选优质的公司来进行投资。本书从发审委制度的这一根本目标着手，通过考察发审委制度的执行情况（主要是发审会）有否对资本市场上的投资者产生影响，包括被审核的公司 IPO 时的发行定价、二级市场交易时的首日抑价，分析了发审委制度对资本市场的影响。研究的结果表明发审委制度对于资本市场而言，具有明显的鉴证中介的特点。本书这一独特的研究视角，为该制度的后续相关研究提供了思考的方向。

第三，不同于以往研究 IPO 抑价的文献，结合我国资本市场的特点，从一级市场和二级市场两方面对 IPO 抑价的成因进行了较为全面的分析，为我国 IPO 的高抑价现象提供了新的解释和思考方向，同时也拓展了"抑价之谜"影响因素的理论。

第四，本书的研究发现承销商和发审委员的业务关联在评审的过程中对评审结果存在影响。不同于以往相关领域的研究主要考察拟 IPO 公司和发审委员间通过自身的审计等业务构建的直接关联是 IPO 过程中"寻租"的途径，本书首次发现了发审委员同发行申请人之间的寻租行为可以通过承销商来完成，而且由于是网状的社交网络关系，寻租主体和寻租标的之间并非一一对应的关系，使得这种间接的关联更为隐蔽，现有的监管对之也无能为力。这一研究结果表明"桥"在社会网络群体进行利益交换，特别是"灰色"利益交换过程中的重要性值得重视。为此，本书还拓展了社交网络中个体利益交换的研究。这一研究结论还丰富了对行为主体"独立性"界定的研究，对独立董事、审计师等存在独立性要求的特定对象的相关研究也具有一定的启示，对于我国上市公司会计师事务所的选择研究也有一定的借鉴意义。

除前述理论意义外，本书还具有一定的实践价值。

第一，本书分析了发审委制度在运作中可能存在的问题，如发审委员的承销商间接关联、任期设计等对于发审委员严格执行审核标准存在一定的影响，造成了发审会审核质量的波动。而发审会审核的严格程度对拟 IPO 的公司的定价和二级市场的表现都具有影响。这对于分析和评估发审委制度的作用，以及调整、改进甚至存废该制度提供了一些经验证据和思考的方向。

第二，类似发审会形式的专家群体决策方式，在我国的各类管理活动中有着广泛的应用，如科研项目成果的鉴定、项目立项的专家评审制度、采购活动中的评标委员会、公司治理中的董事会决策制度等。如在《政府采购法》就建议无论是"竞争性谈判"，还是"询价"的方式进行采购，需要分别成立"谈判小组"和"询价小组"等专家评审小组①。这些类似组织中的成员在决策时受到的影响因素同发审委员有共通之处。本书的研究也为这些类似组织在运行中需要考虑的问题提供一些可以借鉴的经验。

1.2　研究思路和研究方法

本书将从理论分析和实证检验两方面来研究发审委制度中的发审委委员任期制度运行的效果，即其对 IPO 审核质量，进而对资本市场的影响。

由于无从知晓发审会会议的具体情况，难以直接度量发审会审核的质量，故而本书通过观察发审会与会委员的特征来推测发审会的审核质量。考虑到发审委员对 IPO 申请的审核，实际上是一个"陪审团"式决策，依据"陪审团"式决策的理论模型，发审委员在审核过程中需要平衡犯"错放坏人"的"纳伪"错误（让应该否决的公司过会）和犯"误抓好人"的"弃真"错误（将应该过会的公司否决），执行的审核标准的严格程度可能由两类错误的成本所左右。为此运用实证分析的方法，首先检验了发审委员"从严"和"从宽"

---

① 新华社. 中华人民共和国政府采购法，2002 – 06 – 29，http：//www. people. com. cn/GB/jinji/20020629/764316. html.

审核的驱动因素的存在，进而考察伴随着发审委员任期的推进，两类错误的成本此消彼长，有否促成了发审委员审核标准的下降，导致发审会质量的降低。

具体地，从发审委员同拟 IPO 公司之间的间接关联、证监会对发审委员的考核两方面来探究发审委员调整审核标准的内在动机，并在此基础上分析与会委员的任期的变化对发审会上所执行的过会标准，也即发审会质量的影响。考虑到审核的结果基本只存在"通过"和"未通过"两类情形，在分析审核质量时，主要采用的 LOGIT 回归模型。在研究发审委员是否存在"从宽"审核的动机时，主要运用拟 IPO 公司同发审委员之间的间接关联关系对审核的结果进行回归。而对于发审委员是否存在"从严"审核的动机，则主要分析与会发审委员的最终任职时长同被审核对象发生业绩"变脸"的概率之间的关系，考察证监会有否对发审委员进行考核和奖惩。进而，从理论分析的角度，逻辑推演了两类动机将随着发审委员任职时间的延续而发生的变化，审核的标准将之而改变。并运用实际数据对之进行了检验，主要通过考察相同或类似业绩和财务状况的公司遇到的发审会与会委员的任期不同时，过会的概率有否不同来完成。

实证的结果支持了发审会的审核标准将随着与会委员的任期发生波动的猜想，表明与会委员的任期对发审会审核的质量存在影响。

发审会是发审委员对 IPO 事件产生影响最为主要甚至唯一的环节，在分析发审委制度对资本市场的影响时，理应直接考察发审会环节对资本市场的影响，但由于无法对之进行直接观测，考虑到与会委员的任期同发审会审核质量之间的关系，故而也借由分析发审会与会委员的任期对资本市场的影响来完成，主要运用多元统计回归的方法。本书考察了发审会成员的任期对新股发行定价、二级市场的首日抑价的影响。为避免极端值对回归结果的影响，对连续变量都进行了缩尾（winsorize）处理，回归的残差进行了异方差调整和聚类（cluster）处理等计量修正，以及安慰剂检验等稳健性检验来增加结果的科学性。

考虑到未过会公司的信息，诸如招股说明书（申报稿）中的股权结构、财务信息等尚无数据库完整收录，采用手工的方式从招股说明书中摘录了这些信息。统计分析主要使用 SAS 软件、Stata 软件和 Excel 软件完成。

1.3　本书结构安排

本书共包括 6 章。

第 1 章为引言，介绍本书选题、研究意义、研究方法以及本书结构安排。

第 2 章简述相关的制度背景。

第 3 章整理和回顾了相关领域已有的一些研究成果。

第 4 章首先在"陪审团"式决策理论模型的指导下，研究并寻找发审委委员的"从宽"和"从严"审核动机及其可能存在的经验证据。在分析了发审会与会委员的任期将如何作用于发审委员的动机及其对审核标准的影响后，实证检验了与会发审委员的任期同审核标准之间的关系。

第 5 章研究检验发审会委员的任期对新股发行价格和投资者申购行为，以及新股上市的首日抑价的影响。

第 6 章是结论。

本书的内容结构安排具体如图 1.1 所示。

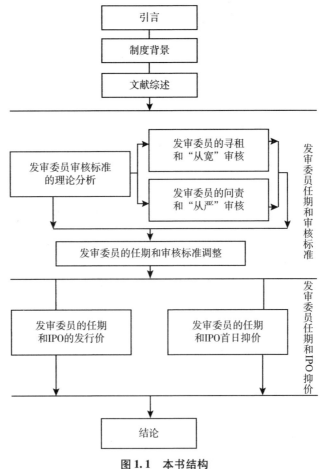

图 1.1　本书结构

第 2 章

制度背景

2.1　IPO 制度简介

2.1.1　IPO 主要的制度形式

IPO 主要的制度有三种：审批制、注册制和核准制。

审批制主要是通过行政审批的方式来决定公司是否可以 IPO，带有一定的计划经济色彩。我国在 1999 年之前主要采用这种制度。运作时，由国务院证券监管机构确定年度整体的上市计划和配额，经由国务院批准后下发给国家计委，国家计委再将额度分配给下级行政机构，由下级行政机构推荐适合的企业，报送给证券监管机构，证券监管机构对之进行审核并确定最终上市的企业。

注册制以美国的 IPO 制度为代表，带有更为明显的市场经济特色。受 1929 年的股市大崩溃和大萧条的影响，为了更好地保障投资者的利益，美国国会于 1933 年批准了 1933 年《证券法》（Securities Act of 1933）。该法案在接纳和吸收了当时已在美国部分州中实施的"蓝天法案"（blue sky law）的基础上，格外强调了披露的重要性，而未采用"蓝天法案"对拟发行的证券进行实质性审查，要求拟发行的证券达到某些具体要求的办法，奠定了美国 IPO 注册制的基础，并一直延续至今。注册制相比审批制，行政机构不再对申请 IPO 的企业进行实质性审查，而是注重考察公司有否履行对投资者的告知义务。要求 IPO 公司及时、准确、真实、完整地披露监管机构认为投资者需要知晓的信息。监管机构需要对 IPO 公司的申报材料作形式审查，以确认是否达到了这些要求。如果符合要求就可以 IPO，监管机构"不得以发行证券价格或其他条件非公平，或发行者提出的公司前景不尽合理等理由而拒绝注册"①。目前除美国外，日本等国家也采用了这种制度。

核准制则介于审批制和注册制之间。一方面，核准制取消了审批制中对发行额度的要求；另一方面，尽管核准制沿用了注册制审核的主要方式和内容，但也存在一定的差异。由于注册制时，监管机构无须对申请 IPO 的公司进行实质性审查，因而对之并无具体的业绩要求，业绩条件通常由公司拟上市的交易所设定。而在核准制下，发行人不仅需要充分披露公司的相关信息，而且还需要达到监管部门认定的一些条件。这些条件并不局限于公司的信息披露质量方面，而且也包括业绩条件等。监管部门不仅对公司的申报材料进行形式审核，也对发行人的企业价值（value of the companies）和风险（related risks）进行实质性审核，以保障上市公司的质量，控制市场的整体风险②。目前，德国、英国，以及中国香港特区采用核准制③。

2.1.2 我国 IPO 制度的改革历程

我国的证券市场建立于 1990 年。从 1993 年开始，建立了全国性的股票发行制度。我国的 IPO 制度已经经历了由审批制向核准制的转变，现阶段实施的为核准制，但将向注册制转变。

1993 ~ 2000 年，我国的 IPO 制度为审批制。此阶段前期为"额度管理"阶段（1993 ~ 1995 年），后期则调整为"指标管理"阶段（1996 ~ 2000 年）。"额度管理"始于 1993 年 4 月 25 日④，通过宏观上制定年度发行额度计划，然后通过向各下级行政单位进行额度分派来完成，整个股票市场发行的规模、价格等都由政府安排。随着《关于 1996 年全国证券期货工作安排意见》⑤ 的

---

① 和讯网，IPO 注册制和核准制概念与区别，http：//stock. hexun. com/2012 - 02 - 22/138536706. html.
② 新华社，China unveils reform plan for IPO system，http：//usa. chinadaily. com. cn/business/2013 - 11/30/content_17142792. htm.
③ 证监会研究中心，国际上关于新股发行的主要制度，http：//www. csrc. gov. cn/pub/newsite/zt-zl/xgfxtzgg/xgfxbjcl/201307/t20130703_230244. html.
④ 国务院证券委，股票发行与交易管理暂行条例，1993 - 04 - 22.
⑤ 国务院证券委，关于 1996 年全国证券期货工作安排意见，1996 - 09 - 02.

发布，股票市场从 1996 年开始进入"指标管理"阶段，对新股的发行"总量控制、限报家数"，不再简单地由地方政府推荐拟上市的公司，而开始对公司进行审核。

随着《中华人民共和国证券法》（以下简称《证券法》）的实施，证监会推出了《股票发行审核委员会条例》《股票发行核准程序》《股票发行上市辅导工作暂行办法》等一系列和该法案配套的规章制度，IPO 核准制得以确立。相比审批制，核准制给予了金融中介机构，特别是证券公司更多的权利和责任，减少了行政力量在 IPO 过程中的介入。核准制的审核流程得到初步确立：首先由承销商对上市公司进行上市辅导，并报证监会各地的派出机构备案。然后拟上市的公司向证监会申请，同时由承销商保荐。当公司的申报材料经过初审和发审会投票通过，证监会核准后，公司才可在资本市场上公开发售新股。2004 年，证监会此基础上设立了 IPO 的保荐代理人制度，进一步赋予了承销商在 IPO 过程中更大的权利和职责①，但核准制的基本流程和内容并未有大的调整和改变。②

2.1.3　我国 IPO 核准制的流程

截至本书封笔时，我国实施的还是核准制，拟 IPO 公司的审核工作主要由证监会来完成。具体包括材料受理、见面会、问核、反馈会、预披露、初审会、发审、封卷、会后事项、核准发行等环节（见图 2.1）。整个过程强调"对每一个发行人的审核决定均通过会议以集体讨论的方式提出意见，避免个人决断"③。证监会在受理公司的申请材料后，会首先安排发行申请人和证监会发行监管部门的见面会，以增进双方的初步了解。拟 IPO 的公司需要在会上介绍自己的基本情况，证监会也需要对之阐明发审的流程、要求等。为了加强保荐机构和保荐人对自身职责的认识，见面会前后还会单独同保荐机构和保荐人进行问核。随后，证监会的发行监管处将拟 IPO 公司的材料分发给审核处的审核人员审核，对之从"非财务和财务两个角度"④ 两方面作出评价。证监会

---

① 中国证券监督管理委员会，证券发行上市保荐制度暂行办法，2013 - 12 - 18.

② 证监会研究中心，我国股票发行审核制度的演进历程，http：//www.csrc.gov.cn/pub/newsite/ztzl/xgfxtzgg/xgfxbjcl/201307/t20130703_230251.html.

③④ 证监会，中国证监会发行监管部首次公开发行股票审核工作流程，http：//www.csrc.gov.cn/pub/zjhpublic/G00306202/201501/P020150123570154686846.doc.

在此基础上，组织证监会的审核人员和相关负责人参加反馈会，但拟发行的公司和承销商并不参与该环节。反馈会上，证监会的相关工作人员就公司可能存在的问题，以及需要进一步披露的信息、中介机构需要进一步调查核实的情况等进行讨论，并最终形成书面的反馈意见发送给承销的保荐机构。发行申请人和保荐机构在收到证监会的反馈意见后，依照意见进行整改和落实并将反馈意见的回复材料送达给证监会，证监会的初审人员在收到回复材料后对之进行进一步的审核，最终形成初审报告。

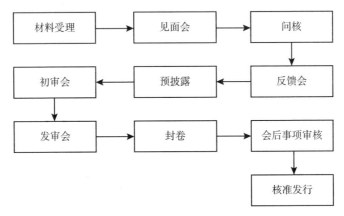

图 2.1　我国 IPO 核准的流程

　　初审报告完成后，而且国家发改委认为发行人募资项目符合国家的产业政策，相关政府部门也没有异议，且财务等信息仍然及时有效，即可进入预披露环节，并等待证监会依照材料被受理的顺序安排初审会。初审会是发行审核的重要环节之一，由证监会参与发行申请审核的各个部门和人员集中起来对初审报告进行分析和讨论，确定是否可以将拟发行人的申请转交给发审会审核。如果确定将提交给发审会，那么将出具初审报告，并通知保荐机构做好进入下一环节的准备，否则将给出反馈意见。

　　发审会环节是 IPO 申请审核中最为关键的环节，由发审委员集体投票表决是否同意公司的 IPO 申请。该过程中发行人代表、保荐代表人均要参加发审委员对之的聆讯。如果与会的 7 名发审委员中有 5 名或超过 5 名的发审委员同意公司的发行申请，就表明公司通过了发审会。此外，如果发审委员认为公司有需要进一步落实和改进的问题，将以审核意见的形式告知保荐机构。如果没有需要落实的问题，则直接进入封卷环节，对发行人的申请材料整理归档，否则需待问题落实后，才能进行封卷。

封卷后，即可进入发行核准批文的等待期。如果在此期间，发行人的情况发生了重大变化或存在需要进一步说明的事项，则需要向证监会进行说明，证监会的审核人员将依据实际情况进行处理，甚至可能会重新提交发审会审核。待发行的核准批文下达后，公司才可向社会公众发行股份。

2.1.4　IPO 注册制和核准制的异同分析

尽管注册制相比核准制，减少了 IPO 活动受到的行政干预，但这并不意味着发行人可以依照自身的意愿和投资者的情况自由地进行 IPO，不再需要审核，也不受监管。实际上，即使在注册制下，审核发行申请人的申请材料依然是 IPO 过程中最为重要的环节。这一点从美国股票市场 IPO 的各个环节中可见一斑。

在美国市场上 IPO 的公司，新发行的股票在市场上公开交易之前，大约需要经历注册前的准备、向美国证券交易委员会（Securities and Exchange Commission，SEC）递交申请、SEC 审阅和反馈、新股定价（pricing）和注册生效等几个环节。不同于核准制的各个阶段在时间上是相互衔接的关系，注册制的各个环节在时间上可能存在重叠，如在 SEC 审阅和反馈的过程中，承销商可以事先开始对潜在的目标客户进行不具有法律效力的非实质性预售，对新股进行初步定价等。

具体而言，在准备工作环节，首要的是构建负责上市准备工作的团队。团队成员不仅包括公司内部的参与人员，还包括外聘的专家团队和金融中介机构，包括会计师、律师、承销商，以及咨询顾问（counsel）等。同时对公司的业务和组织结构进行梳理、改造，以符合 IPO 公司的要求。其中确定承销商显得尤为重要，承销商是整个上市活动最重要的参与者之一。如果 IPO 的规模比较大，通常由多家承销商组成一个甚至多个承销团（underwriters syndicate）来完成 IPO 股份的售卖。承销团通常会确定一家主承销商来领导整个承销的活动，并承销最大份额的证券。在经过上市的准备阶段之后，各个参与者将集合起来，集中讨论需要向 SEC 提交的文件内容。此类会议往往需要进行多轮，最终确定下来需要递交的文件，并报送给印刷商（printer）。此阶段同我国核准制下的申请准备工作基本类似，只是我国目前不要求专门的印刷商。

在参与的各方确定了需要申报的内容，相关的金融中介也准备好之后，就可以向 SEC 递交申请。上市申请（registration statement）需要以表格 S - 1（Form S - 1）的形式向 SEC 递交，主要包括财务报表、管理层讨论与分析（management's discussion and analysis）以及其他一些需要说明的财务信息和需要对外披露的行业情况等。上市申请表内容较多，包括年报（10 - K）和重要事项的披露（8 - K）等，分别需要符合 1933 年《证券法》和 1934 年《证券交易法》中的 S - X（财务信息的披露要求）和 S - K（非财务信息的披露要求）。如果公司的规模较小，SEC 在 2008 年允许采用更为简化的表格 SB - 1[①]。递交申请后，作为上市申请表第一部分的初始版本的招股说明书，即"红鲱鱼版"（red herring prospectus），可以用来向投资者进行推介。但此时由于招股说明书的内容尚未最终确定，各个部分可能会被更改、调整和替换。在此阶段，IPO 公司的股份尚不能对外售卖，但经纪人可以开始向潜在的客户进行推介，投资者可以向承销商表达购买意向。当 SEC 最终确定和认可了公司的上市申请表之后，招股说明书也最终确定，这些购买意向可以转变为购买的订单。可以看到，注册制下向 SEC 申请的材料同我国核准制下需要申报的材料有很多相似的地方，如公司的财务信息、管理层讨论与分析、重要事项的披露等。

在收到公司的申请后，发行申请即进入等待期（waiting period），在提交申请后的 20 天内，SEC 会给出答复。此期间 SEC 的公司财务部（division of corporate finance）对公司的上市申请书进行审阅，尽管 SEC 并不对公司拟发行的证券做实质性审核，但仍然需要检验公司的申请书是否符合 1933 证券法的规定。SEC 的职员会从财务信息、法律权责条款等方面对公司的上市申请提出意见，如果认为申请书的质量过低，甚至可以建议公司终止申请（bedbug letter）。公司在收到 SEC 提出的审核意见后，对注册申请书做出修改并再次提请 SEC 对之进行审核。如此往复可进行多轮，直至 SEC 认可公司的注册申请书，并对外宣布注册有效（filing）。在 SEC 最终对外宣称注册有效之后（declare the effective），公司的 IPO 便进入了发行阶段。此阶段申购的投资者依照确定的发行价格将申购资金注入发行人的账户中，同时承销商将投资者申购的股份分发给申购者，公司的股票将可在公开市场上交易。可以看到 SEC 雇员的审核工作同初审委员的工作两者之间存在很多类似的地方，如都需要对公司的财务情况进行检查，对申请材料的合规性进行判断，对申请材料出具意见等，而申请人也都需要对审核意见做出回应和调整。不同之处在于我国的核准

① SEC, Small Business and the SEC, http：//www.sec.gov/info/smallbus/qasbsec.htm.

制设计了专门的初审会和发审会环节，通过集体决策的方式来增加审核的客观性。此外我国核准制下，证监会审核的内容不局限于内容的合规性，如还要求国家发改委出具公司募资项目是否符合国家的产业政策发展方向的意见等，带有一定的价值判断成分。

在 SEC 审阅期间，承销商（团）和公司可以进行路演。承销商借此向自己的客户推销 IPO 的股票，收集潜在客户的认购需求。新股发行价的确定通常有询价（book building）和拍卖（auction）两种方式，询价制度相对更为普遍和流行。在询价或拍卖结束后，确定出唯一的发行价格。虽然我国新股定价也采用询价制，并经历了多次改革，但同美国的询价制还是存在比较明显的差异，主要体现在承销商的权利方面。尽管在 2012 年的新股发行制度改革后，允许承销商推荐参与询价的投资者，但一级市场的机构投资者参与网下配售时，只能通过抽签的方式获得股份，承销商在该过程中始终都没有获得新股的分配权。而美国的承销商拥有一定的自主权，可以将部分股份直接出售给某一投资者个体。另外一个比较明显的差异是询价开始的时间点，由于注册制并不需要 SEC 对之做实质性审核，因而询价活动在发行人提交了申请材料之后就可开始，我国的询价活动则需要等到公司已经得到 IPO 核准发行的批文之后才可以开展。

纵观整个 IPO 注册制和核准制的运作流程，除了初审过程中的初审意见需要以"初审会"的形式确定下来外，可以发现发审会是我国 IPO 核准制中尤为特殊和独有的环节，是"对每一个发行人的审核决定均通过会议以集体讨论的方式提出意见，避免个人决断"[①] 最直接和充分的体现。

2.2　发审委制度简介

2.2.1　发审委制度的变迁

作为我国 IPO 制度中体现专家集体决策最重要的制度设计，发审委制度从 1993 年建立至今已经超过 20 年，大致经历了 3 个阶段的发展。

---

① 中国证监会发行监管部首次公开发行股票审核工作流程，http：//www.csrc.gov.cn/pub/zjh-public/G00306202/201501/P020150123570154686846.doc.

发审委制度建立于 1993 年 6 月，建立的初衷是对 IPO 公司的申请材料进行复审，提高"新股发行工作的质量和透明度"①。尽管该项制度后续发生了较多的调整和改进，但至今其仍是发审委制度的重要目标。发审委制度建立时，我国证券市场尚处于审批制阶段，主要采用行政计划的办法分配股票发行的指标和额度。此阶段的投票采用无记名投票的方式，决议表决的结果依照少数服从多数的原则来产生，与会委员的身份对外保密。发审委员人数限制为20 名，每届的任期一年。发审委员的来源相对广泛，除了来自证监会、证券委办公室人员②外，其他的委员包含了财经、管理、经济、法律等各个行业的专家和学者。

随着 1999 年 7 月 1 日《证券法》的正式实施和一系列配套措施的出台，IPO 制度正式由审批制转为核准制。作为与核准制相配套的制度设计，发审委制度在 IPO 审核中的重要性被确立③。同前一阶段相比，相关的制度安排更为具体和明确。主要体现在以下几个方面。一是调整了发审委的构成。将发审委员的总人数从原先的 20 人扩容至 80 人，并明确了人员的构成。除证监会的首席稽查、首席律师、首席会计师等"当然委员"外，来自证监会外部的"其他委员"的人数和来源也有了具体的规定，要求"国有银行的专家 5 名""大学教授 6 名"等，外部委员的比例有了明显的上升。二是调整了发审委员的任期，将外部的"其他委员"的任期设置为"每届任期 2 年，可以连任；但是，每次换届时应当至少更换 1/3 的委员，每个委员连续任期最长不超过 3 届"。尽管投票的方式仍然沿用了前一阶段的无记名投票的形式，而且可以投"同意票、反对票或者弃权票"，发审委员的身份依然是保密的："其他委员的身份应当保密。发审委委员不得在发审委会议以外的场合公开其发审委委员身份，不得以发审委委员的名义参加中国证券监督管理委员会以外的部门、单位组织的活动，不得泄露发审委委员名单"④，但对于过会的标准相比前一阶段有所提高，要求同意票数达到"与会委员人数的 2/3"。此外，还新增了"暂缓表决"这一类型的审核结果⑤。而且为了保障发行申请人的权益，允许未通过申请的企业进行复审申请。

2003 年 11 月 24 日开始发布实施的《中国证券监督管理委员会股票发行审核委员会暂行办法》再次对发审委制度做出了重要的调整，替代了

①② 证监会研究中心，发审委制度的历史和作用，http://www.csrc.gov.cn/pub/newsite/ztzl/xg-fxtzgg/xgfxbjcl/201307/t20130703_230246.html.
③④⑤ 中国证券监督管理委员会，股票发行审核委员会条例，1999 – 09 – 16.

1999 年的《股票发行审核委员会条例》。一是再次调整了发审委的构成，规定发审委员的产生需由"行政机关、行业自律组织、研究机构和高等院校"推荐，证监会聘任，并允许部分委员专职。同时还缩减了发审委的规模，将发审委成员的人数由此前的 80 人限定为 25 人，并将委员的任期由每届两年改为每届一年。二是对发审会的会议组织形式也做了调整，将发审会与会委员的人数由原来的 8 ~ 10 人，固定为 7 人，过会的标准也相应地由原来的 2/3 多数，固定为 5 票及以上为通过。三是加强了对发审委审核工作的监督，引入了问责制，并将委员的身份公开，开始实施记名投票，且不得投弃权票。

此后，发审委制度在 2006 年和 2009 年分别做了小的修订。在 2006 年的修订中，主要完善了发审会的会议流程，要求发审委员在会前以书面的形式提出"暂缓表决"的意见，并在发审会开始时即开始讨论，并增设了"请发行人代表和保荐代表人到会陈述和接受发审委委员的询问"的环节①。而 2009 年的修订主要是为配合创业板的推出，增设了创业板发审委，人数为 35 人，任期一年。同时规定创业板、主板和并购重组委委员不得兼任②。

2.2.2　发审会的工作流程

在经过初审会确定发行申请人可以进入发审会环节后，即可进入发审会环节。发审会的顺序原则上依照申请人报送审核材料的顺序。发审会由证监会发行监管部统筹安排，并负责发审会的各项准备工作，主要包括安排申请人的发审会会议日程，确定参加发审会的发审委员名单，同时将需要审核的材料送至发审委员，并在证监会的网站上对外披露发审会的日期、与会人员等。

证监会发行监管部下设的发审委处在综合考虑发审委员同申请人的各类关联关系后，挑选不需回避的发审委员，并参考各个发审委员的工作量情况，才确定最终与会的发审委员人选。为了便于发审委员和证监会的审核部门安排工作，非专职的发审委员需要事先向监管部告知所能参加发审会的时间，通常在月末提前告知下个月的安排即可。与此同时，发行监管部也需要提前制定出下个月的发审会会议计划，并向全体发审委员告知下个月的发审会议安排。发审

---

① 中国证券监督管理委员会，中国证券监督管理委员会发行审核委员会办法，2006 – 05 – 08.
② 中国证券监督管理委员会，中国证券监督管理委员会发行审核委员会办法，2009 – 04 – 14.

会通常被安排在每周的固定时间如周三和周五召开。

发行监管部在首发的发审会召开 5 天前，将会议通知及审核材料送达参会委员，并请委员签收。在会议通知及审核材料送达给参会的发审委员后，即可在证监会的网站上公示发审会的会议时间、审核的对象，以及拟参会的发审委员名单。为保障回避制度得到有效实施，发审委员需要向发行监管部主动告知个人需要回避的情况。如果已被安排出席实际上需要回避的发审会，或者因某些特殊原因临时不能参会，发审委员可以在发审会的前三天以书面的形式告知发行监管部，以便及时调整与会的发审委员和对外公告。

此外，为保障发审委员能够有效地履行职责，除了已送达的审核材料外，发审委员还可以向发行监管部调阅需要的其他同发行申请人相关的材料。如果发审委员在审核申请人材料的过程中发现"发行人存在尚待调查核实并影响明确判断的重大问题，应当在工作底稿上提出有依据、明确的审核意见"①，并在发审会前就向发审处提出。

发审会的参会人员包括原定与会的 7 名发审委员和发行监管部的工作人员。由发行监管部的工作人员负责整个会议期间的会议记录、审核意见记录和会议考勤等，为加强对与会人员的监督，整个发审会的过程全程录音。发审会还设会议召集人一名，整个会议由会议的召集人主持。

在发审会正式开始前，为保证与会委员的独立性，与会委员需要就自身同发行申请人之间的接触事项进行书面说明，并由证监会的工作人员核对和存档。

会议在会议召集人的主持下正式开始。如果有发审委员已提出过"暂缓表决"的建议，将首先听取提出暂缓表决意见的发审委员的意见，然后对之进行表决，如果有 5 名或以上的发审委员认为需要暂缓表决，那么发审会将给出暂缓表决的意见，如果同意暂缓表决的发审委员人数不到 5 人，则将按原有的既定程序进行会议。如果发行申请人收到暂缓表决的意见，则需在 1 个月内申请再次进行发审会审核，第二次发审会的参会人员原则上不得变更，如果原定的与会人员不能与会，需做出说明和解释。

如果暂缓表决的情形不适用，则进入正常的发审会审核流程。为使与会的发审委员充分了解发行申请人的情况，将首先由负责公司申报材料的初审人员报告审核的情况，并就需要提请发审委员关注的问题进行说明。在听完初审人员的报

---

① 中国证券监督管理委员会，中国证券监督管理委员会发行审核委员会办法，2009 - 04 - 14.

告后，与会的发审委员对初审报告和初审委员提及的问题逐一发表个人的意见。此外，发审委员也可就初审报告中尚未提及的问题提出个人的观点和看法。

接下来就进入聆讯环节，由发行人代表和保荐代表各两名在发审会上进行陈述和接受发审委员的询问，整个聆讯环节持续时间控制在 45 分钟之内。问询结束后，发审会的会议召集人对发审委员的审核意见进行总结，并最终形成发审会的审核意见，在全体与会委员对审核意见与会议记录签名确认后，则进入投票环节。

投票环节采用封闭式记名投票的方式来完成，但并不向外界公开各个发审委员的投票结果。在发行监管部的工作人员监票和统计结束后，召集人即可宣布表决结果。除了暂缓表决的意见外，发审会最终会给出"通过""未通过"两类意见。如果给出"通过"的意见，则可进入封卷环节，如果给出了"未通过"的意见，则此次申请结果，发行人不得发行股份。会议结束后，发行监管部会在证监会的网站上公布会议的表决结果。

整个会议中，与会的发审委员需要持续更新和完善自己的审核工作底稿，"应当根据会议讨论情况，完善个人审核意见并在工作底稿上予以记录"[①]，发表意见也需要"根据自己的工作底稿"。最终各个与会的发审委员在会议结果上签字确认，并将审核工作底稿交由发行监管部保管。

2.2.3 发审会审核和"陪审团"式决策

陪审团制度是普通法系（common law）下一种特殊的审核形式，是英美等国家法律制度中最具特色的制度之一，在重大的刑事案件（criminal cases）和民事诉讼（civil cases）中都有应用。以美国的审判陪审团（trail jury）为例，陪审团的成员要求为 6 到 12 名，但不得少于 6 名。陪审团组建后，陪审员全程参加审理活动，在成员间进行充分的讨论后，最终根据证据等对被告的行为进行事实认定（find of act），形成全体一致的意见（unanimous votes）或者多数一致的意见（verdict）[②]。法官再据此决定适用的法律，进行判决（sentence）。

---

① 中国证券监督管理委员会，中国证券监督管理委员会发行审核委员会办法，2006 – 05 – 09.

② 在美国的俄亥俄州（Oregon）和路易斯安那州（Louisiana）则适用 12 人中至少 10 人一致认同即可。可参看 Mackenzie，What's the Best Jury Size? The state of the universe.，2013 – 04 – 25：http：//www. slate. com/articles/health_and_science/science/2013/04/the_mathematics_of_juries_the_jury_size_and_voting_margins_necessary_for. html.

我国的发审会审核同陪审团的决策有着很多相似的地方：首先两者都要求决策成员在决策的过程中尽可能做到客观公正。其次，两者的组织形式非常相似，陪审团成员要求 6～12 名成员，并在成员中选择一名首席陪审员（foreperson），负责组织陪审员们的讨论和代表陪审团宣读陪审团意见等。而发审会的成员固定为 7 名，也在成员中设立一名会议召集人，负责主持发审会，并代表发审会宣布表决的结果。更重要的是两者的决策过程非常相似，陪审团的成员需要在法庭审理的过程中，通过观察控辩双方的陈述、呈现的证据、原告和被告的表现等，结合自身的经验和知识对案件做出判断，并通过和其他陪审员的沟通和交流来形成最终的陪审团意见，而且陪审团的意见只存在"有罪"（guilty）和"无罪"（not guilty）两种。而发审委员也主要通过发审会来对公司的 IPO 申请进行审核，也是通过申请人的申请材料、对申请人和保荐代表人的聆讯，以及发审委员之间的讨论来形成自身对发行申请的审核意见，而发审会的意见也只有"通过"和"未通过"两项①。当然两种制度之间也存在典型的差异，如陪审团的成员通常并不是法律方面的专家，而发审会则是典型的专家群体决策。

2.3　本 章 小 结

本章主要对本书涉及的一些制度背景进行了简要的介绍，主要包括我国现行的 IPO 审核制度和发审委制度两部分。考虑到发审委制度是我国的 IPO 核准制的一部分，因而首先对我国的 IPO 制度进行了介绍，具体包括了 IPO 的主要制度形式、我国 IPO 制度的历史沿革，以及我国现行的 IPO 核准制的实际运作流程等。考虑到我国的 IPO 审核制度将由核准制向注册制转变，还对 IPO 的核准制和注册制进行了比较。

我国资本市场建立的时间不长，相关的政策法规等也随着我国经济和资本市场环境的变化进行了多次调整。为了更好地理解发审委制度，首先对发审委制度的变迁进行了简述。在此基础上对发审会的工作流程进行了说明。此外还简单比较了发审会审核和陪审团决策的异同，为后文中借鉴"陪审团"式决策的相关理论来分析发审委制度提供了制度背景支持。

---

① 尽管有"暂缓表决"，但该项意见需要在发审会正式开始前就讨论给出。如果发审会按正常流程履行，将只有"通过"和"未通过"两类意见。

第3章

文献综述

3.1 "陪审团"式决策的相关研究

陪审团制度作为英美法系的特有制度，关于其有效性的争议由来已久。格里斯沃尔德（Griswold，1963）就公开对陪审团制度提出了质疑[1]，认为在民事案件中依赖陪审团的审判，实际上是对非专业人士的神化（apotheosis of the amateur）。但德（De，2004）却认为陪审团制度，特别是民事案件的陪审团制度，是使社会价值判断趋同的最恰当的制度，也是增进人民智慧最有力的途径[2]。卡尔万和泽塞尔（Kalvan and Zeisel，1966）调研了111个刑事案件的判例，发现陪审团和法官的意见一致的占比约为81%，而同年他们进行了更大样本的问卷调查，在调研了3576桩刑事案件后得到的结论也与此类似，但由于缺乏更多的数据材料，陪审团有效性仍然缺乏足够的实证数据支持（Dwyer，2004）。

受科斯（Coase，1960）关于外部性和法律责任的探究和贝克尔（Becker，1968）关于犯罪和惩罚的经济学分析等开创性研究的启发，研究者开始大量运

---

① Griswold，E. N（1963），1962 –1963 Harvard Law School Dean's Report，pp5 – 6 "…Why should anyone think that 12 persons brought in from the street，selected in various ways for their lack of general ability，should have any special capacity for deciding controversies between persons? …".

② De.，Democracy in America. Vol（147）. 2004：Digireads. com Publishing. Pp：207 –208，"…the jury，and more especially the jury in civil cases，serves to communicate the spirit of the judges to the minds of the citizens，and this spirit，with habits which attend it，is the soundest preparation for free institution. …. The jury contributions most powerfully for form the judgment and to increase the nature intelligence of a people…."

用经济学的研究方法来分析法律法规对行动者的行为和社会福利的影响，法经济学开始成为经济学研究中的一个重要领域（Kaplow and Shavell，2002）。陪审团制度由于其自身的重要性和争议性，自然吸引了诸多研究者的注意，一些研究者开始研究"陪审团"式决策的有效性。格尔芬和格尔凡格雷蒙（Gelfand and Solomon，1977）较早地对之进行了尝试，他们假定陪审团成员在第一轮投票（first ballot）时的观点服从二项式分布，并用卡尔万和泽塞尔（1966）调研的结果估计分布的参数，认为审议（deliberation）的过程是一个随机的状态转移矩阵，将第一轮投票的结果引致最终的审议结果。但由于假设转移矩阵是随机，与事实的真相不相关，导致了最终审议结果（post-deliberation verdict）的偏误要高于首轮多数投票算法（first-ballot majority vote）结果的结论，这和实际情况显然存在出入。

克勒沃里克等（Klevorick et al.，1984）对该模型的问题进行了详细的分析，改进了审议过程和事实真相不相关这一假设，认为审议的过程是一个信息集聚和处理的过程。他们将决策模型（decision model）引入陪审团决策的过程中，决策的个体在第一类错误（type I errors）和第二类错误（type II errors）之间平衡，以获得最大的效用（Chernoff and Moses，1959）。个体拥有的信息的相关度、观察能力的差别等特征会影响审议和首轮多数投票法两种方法的优劣。

后续关于"陪审团"式决策的研究，大都基于克勒沃里克等（1984）的模型。一些研究者致力于改进此模型存在的一些不足，如李（Li，2001）调整了陪审员同质性的假设，研究了个体收集信息存在成本，决策中"搭便车"（free ride）的现象，认为需要制定严格的审核标准来缓解。帕西科（Persico，2004）则分析了如果信息的噪声较多，过于严格的判定标准（too large plurality）会降低陪审团成员收集信息的动力。奥利弗洛斯（Oliveros，2013）拓展了信息内生的假设，认为投票群体除了信息精度的差异，还存在意识形态的差别。

总的来说，克勒沃里克等（1984）的模型在分析"陪审团"式决策中运用最为普遍，但由于实际数据的可获得性，上述这些研究都是纯理论研究。

3.2　人力资本保护的相关研究

由于发审委为我国 IPO 制度中特有的组织形式，国外尚未见专门对其的研究。已有的相关研究大都由国内的学者所做。这些研究都认为发审委员身份是一项重要的人力资本。证券行业是典型的人力资本密集型行业，人力资本对于组织和个人而言都是最重要的资产，发审委员任职经历是发审委成员重要的人力资本。对于审计师发审委成员而言，该经历可以为其所在的事务所在 IPO 审计市场上获得更多的审计业务，以及更高的审计收费水平，但并未提供更高质量的审计服务（王兵，辛清泉，2009），若过会时企业拥有中介机构发审委社会资本，则能够提高上市成功率（李敏才，刘峰，2012；杜兴强等，2013；陈运森等，2014）。

证券行业中的信息中介的一个重要的功能就是通过鉴证等业务来降低资本供需双方的信息不对称程度。信息中介作用的发挥主要依赖于中介人员的技术专长和专业判断，也即中介人员的人力资本。而中介人员人力资本的专用性和实效性对中介人员的行为有着重要的影响。

形成专用性高的人力资本往往需要花费的投资巨大，而又非常容易毁损，而且一旦毁损，重新构建的难度异常高，因而行为人对其的维护程度受其影响明显。而且人力资本的专用性越强，在人力资源市场转换工作岗位的成本也越高（Bortnick and Ports，1992）。哈里斯和赫尔法特（Harris and Helfat，1997）发现，为了保护从属于公司的专用性人力资本，CEO 如果从企业内部选聘，相比从企业外部招聘而言，会要求更低的薪酬。

影响行为人对自身人力资本保护的另一个重要因素是该项人力资本的时效性。随着年龄的增长，人力资本的转换成本（switching costs）会越来越高，更换工作所需花费的时间也越来越多（Shrieves，1995），而最终成功更换的难度也越来越大，因此就会更加注重对人力资本的维护。吉米诺等（Gimeno et al.，1997）的研究也揭示当企业家的年龄越大时，对公司业绩的要求相应越低。但受到劳动力自身属性如自然寿命等的限制，导致了行为人在对自身人力资本临近可预期的结束时点时，行为人的行为会发生变化，对其进行保护的程度会降低，"59 岁现象"即为该种情况的一类典型代表。在我国国企上市公司的高管中，"59 岁现象"具有一定的普遍性，谭劲松和黎文靖（2002）、万华林和陈信元（2012）等学者对这一现象进行了专门的研究。

3.3　IPO 抑价的相关研究

自斯托尔和科里（Stoll and Curley，1970）的研究揭示了 IPO 抑价现象以来，这一现象广泛而又长期地存在于各个国家的股票市场中，吸引了相当多的研究者对之研究。抑价被认为主要源自发行价偏低。因为如果市场不设涨跌幅的限制，在 IPO 的第二日后抑价现象就不存在了，而前后两日间市场的流动性风险、系统风险等方面并无显著差异，首日抑价显然不是市场定价错误或是基于风险补偿等因素（Ritter，2002）。IPO 的发行价存在被人为压低的抑价现象的原因主要包括信息摩擦、制度和控制权安排、行为金融的解释等几类。里特（2002）、林奎斯特（Ljungqvist，2005）对这一主题进行了细致的梳理。从已有的研究看，基于信息摩擦（information friction）的解释研究得最为深入，也为大众所接受和认可（Ljungqvist，2005）。信息摩擦理论主要是基于参与 IPO 群体之间的信息不对称，图 3.1 列示了IPO 过程中的各个利益相关团体。

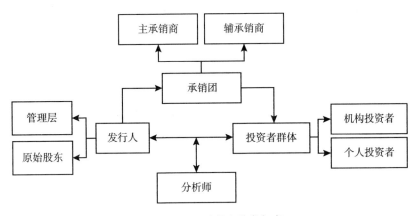

图 3.1　IPO 过程中的参与者

3.3.1　IPO 抑价和 IPO 参与群体间的信息摩擦

3.3.1.1　投资者群体内部的信息不对称

投资者群体内部的信息不对称最早受到研究者的关注。罗克（Rock，1986）认为由于投资者内部存在部分知情的投资者（informed investor），相比其他投资者具有信息优势，由此会形成"赢者的诅咒"（winner's curse）：处于信息劣势的投资者担心自己会因为信息不足而成为最乐观的投资者，在知情的投资者不看好的时候，获得全部的配售，而在大家一致看好的时候，却只能获得部分的配售，这样获得配售的"赢者"实际获得的股票并不优质，因而不会积极参与 IPO。为打消投资者这一顾虑，发行人就存在降低发行价的动机。

学者们分别运用新加坡、英国、芬兰和以色列的数据，对该理论进行了检验，发现没有信息优势的投资者的确只能获得社会平均利率的回报，支持了这一理论（Koh 和 Walter，1989；Levis，1990；Keloharju，1993；Amihud 等，2003）。

由于部分不知情的投资者缺少关于发行人的信息，投资者之间的信息不对称还导致了一部分缺乏信息优势的投资者会通过观察别的投资者的行为来收集信息。韦尔奇（Welch，1992）进一步地假设投资者会猜测别的投资者的行为，只有在认定别的投资者也积极申购的时候，才会参与申购。这种投资者之间的博弈将会产生投资者积聚的效应，会导致 IPO 发行价只要略低于合理的价格，就将缺乏积极申购的投资者，极有可能会导致 IPO 的失败。因而发行人会选择压低发行价来保障 IPO 的成功。阿米胡德等（Amihud et al.，2003）的实证研究也的确发现了这种现象，申购的数量很难恰好和发行的数量匹配，通常都处于过高或过低两极分化的情况。

考虑到机构投资者相比个人投资者具有明显的信息优势，一些研究者分析了机构投资者和个人投资者在 IPO 过程中的行为差异和获得的回报。阿加沃尔等（Aggarwal et al.，2002）发现机构投资者相比个人投资者在 IPO 中获得了更多的配售，而且收益也更高。李等（Lee et al.，1999）、科尔内利和戈德赖希（Cornelli and Goldreich，2003）也发现拥有信息的投资者要求更高的回报，而且最终的确获得了更多的新股和更高的收益。蒋等（Chiang et al.，2010）运用台湾 1995～2000 年的 84 家 IPO 公司的新股拍卖数据发现，机构投资者相比普通投资者对 IPO 公司具有更多的信息，出价更高，而且获得了相比普通投资者更高的回报。彻姆阿涅（Chemmanur，2010）运用交易的明细数据发现机构投资者相比小投资者具有更多的信息，但并没有长期持有 IPO 公司的股份，大约有 70% 的配售份额会在上市交易的当年被这些机构投资者卖出，所得的利润也未用来增持这些次新股。罗克（1986）关于"赢者的诅咒"的理论认为新股抑价主要是对没有信息的投资者的补偿，以鼓励这些不知情的投资者参与公司的 IPO，隐含了一个前提，认为投资者在 IPO 的过程中相对发行人或承销商具有信息优势。如果发行人或承销商同投资者之间的信息不对称并不存在，那么将能很好地甄别投资者，如此一来，可以针对不同的投资者进行"精准定价"，自然也就无须通过抑价发行来将没有信息的投资者留在 IPO 市场中。

3.3.1.2　投资者和承销商之间的信息不对称

事实显然并非完全如此。本维尼斯特和斯宾特（Benveniste and Spindt，1989）则认为 IPO 抑价是承销商支付给投资者提供需求信息的回报。为了获得投资者的需求信息，路演（road show）和询价制度（book building）成为承销商收集投资者需求信息的重要手段（Benveniste and Spindt，1989；Benveniste and Wilhelm，1990）。询价制度赋予承销商决定对某一投资者配售的股份数量和价格的双重权力。为了诱使投资者如实揭示自身的需求信息，承销商需要对其给予一定的回报。抑价发行和针对特定投资者进行配售，"把钱留在桌上"（leave the money on the table）被认为是承销商获得需求信息所支付的对价（Benveniste and Spindt，1989）。科尔内利和戈德赖希（2001）运用一家欧洲投资银行承销的在美国之外上市的 39 家 IPO 公司的询价数据发现向承销商提供信息的投资者（更早地提交订单，更多地采用了限价委托的方式等）获得了更多的配售。但詹金森和琼斯（Jenkinson and Jones，2004）运用另一家欧洲投资银行承销的 27 家公司的 IPO 询价数据，却并没有发现同科尔内利和戈德赖希（2001）相类似的结果，他们认为个中缘由大概在于欧洲的 IPO 很少修改发行价格区间，但的确发现参与询价的投资者持有的时间越长，越容易获得配售，持有的收益也更高，即使在市场热情高涨的时候也是如此，显示出承销商对投资者存在挑选。科尔内利和戈德赖希（2001，2003）和詹金森和琼斯（2004）在研究中都未能披露承销商的具体信息。Ljungqvist（2004）个人向这些研究者查询了两家投资银行，发现在科尔内利和戈德赖希（2001，2003）研究中的承销商知名度更高，可能具有更强的从投资者的认购申请中获取需求信息的能力。这从披露出的参与竞价的投资者的特征中也可以看到两家承销商的投资者群体存在典型的差异，科尔内利和戈德赖希（2001，2003）的研究中提及的承销商同投资者的联系也更为密切一些。新股数量的分配权（allocation discretion）和定价权成为承销商获取投资者需求信息的重要工具，林奎斯特和威尔海姆（Ljungqvist and Wilhelm，2002）运用法国、德国、英国和美国的 IPO 市场的数据发现，当承销商调高发行价时，机构投资者获得了更多的配售，而且机构投资者获得了更高的回报；反之则相反。

尽管缺乏研究数据，但基于本维尼斯特和斯宾特（1989）的观点，IPO 抑价是承销商支付给投资者提供需求信息的回报，那么当投资者提供了新股需求不旺的信息时，承销商为了保证 IPO 发行的成功，会向下调整发行价，比如选择以发行价格区间的下限来发行。而当投资者提供需求旺盛的信息时，承销商会对之做出保留，并不急于将发行价调整为发行区间的上限或更高，因而会出现非对称的部分调整（partial adjustment）的现象。汉利（Hanley，1993）最早发现了这种现象的存在。

除此类部分调整的现象外，还有一些研究者发现承销商甚至也很少依据获得的需求信息对 IPO 价格的发行区间进行调整。詹金森等（2006）通过理论分析，论证了承销商之所以很少调整发行价格区间，其中的原因很大程度上在于承销商做出的此类承诺能更大程度上获得投资者的私有信息。由于日本的 IPO 制度同美国的 IPO 制度存在一定的差异，库苏纳等（Kutsuna et al.，2009）运用日本 JSDQ 企业 IPO 的数据，分析了承销商在 IPO 配售和定价的各个阶段如何分配新股和调整发行价格，他们的研究也发现 IPO 价格发行区间的确可以被承销商用于对投资者提供真实需求信息给予回报的一种承诺。

为了降低投资者同承销商之间的信息不对称程度，除了通过询价制度等方式外，其他一些用来降低双方之间信息差异的方法和手段也受到了研究者的关注。重复博弈被认为是降低博弈双方信息不对称程度的有效制度安排。比较美国承销商和欧洲承销商对发行价格的调整行为，可以发现欧洲的承销商很少对发行的价格区间进行调整。相比美国的承销商，欧洲的承销商更少注重同投资者的长期联系（Ljungqvist，2004），欧洲的承销商因而甚至放弃了通过调整价格区间来回应收集到的新股需求信息。一些研究者也开始从承销商和投资者之间的长期关系入手来分析 IPO 抑价。贡达特 - 拉腊尔德和詹姆斯（Gondat-Larralde and James，2008）的研究沿用了本维尼斯特和斯宾特（1989）的分析框架，认为承销商缺乏足够的信息来给新股定价，为此需要向投资者获取信息。但由于投资者知晓定价过高的风险，对于承销商偶尔的定价过高行为，投资者可以采用用脚投票的方式，从而可能造成发行失败。为此，承销商通过和投资者重复博弈的关系，运用参与未来 IPO 的机会来诱导投资者不要采用用脚投票的策略。投资者在两者之间进行权衡。如果和承销商合作的预期保持不变，那么承销商的定价主要是基于对股价下跌风险的考虑，新股的抑价将主要是源于股价上涨的风险。他们运用承销商的数据发现承销商的确向参与重复博弈的投资者提供了更多的新股。詹金森和琼斯（2009）针对机构投资者如何获得 IPO 配售对机构投资者进行了调研，也发现投资者同承销商之间的关系是决定机构投资者能否成功获得配售的主要原因。彻姆阿涅（2010）运用交易的明细数据发现，尽管机构投资者相比小投资者没有长期持有配售的 IPO 公司股份，但如果机构投资者持有表现一般的次新股的时间越长，在未来的 IPO 活动中所得的份额越高。杨（Yung，2005）论证了投资者并不是越多越好，过于庞大的投资者群体并不一定有利于承销商收集足够关于 IPO 的信息，这也是为何承销商会挑选投资者的原因。

除了承销商同投资者之间的长期重复博弈能够降低二者之间的信息不对称之外，承销商还采用"绿鞋"等策略来降低投资者的风险，从而使得投资者更愿意参与申购。"绿鞋"策略允许承销商在配售股份时，配售的份额要超出原先设计的份额，通常为 15% 左右。如果公司的股票上市后股价低迷，为了维持股票的价格，承销商可以买入多发售的股份来稳定股价。从投资者的角度来看，相当于承销商向投资者签发了看跌期权。通过持有看跌期权，投资者面临的价格风险减少，在一定程度上缓解投资者关于"赢者的诅咒"的担忧，从而降低抑价要求的水平（Ljungqvist，2004）。但研究者对于究竟是机构投资者还是个人投资者获得了更多的"绿鞋"策略带来的好处却缺乏统一的结论（Benveniste et al.，1996；Chowdhry and Nanda，1996）。

除了询价制度外，另一类曾被广泛应用的 IPO 定价方式是拍卖定价。拍卖制度相比询价制度，流程更为简洁，运作起来具有一定的成本优势，所需要的承销费用更低，而且投资者的信息更为公开。设计合理的拍卖制度能够更直接地获得投资者的需求信息，理论上发行人需要支付的 IPO 抑价也更低（Biais and Faugeron-Crouzet，2002）。一些研究者通过比较这两者之间的差别来更好地理解新股的抑价。德乔治等（Degeorge et al.，2007）运用法国 20 世纪 90 年代的数据研究发现在同时允许拍卖发行和询价发行时，采用询价发行的方式时承销商有更大的动力做广告，即使是非承销商的分析师也会推荐这些 IPO 项目以期未来能够获得业务，但是两种方式并没有带来股票上市后的显著差异。另一个比较普遍的现象也引起了研究者的广泛关注：在世界范围内的新股定价制度中，越来越多地出现了询价制度逐渐替代拍卖制度的现象。如日本询价制度被引入后，拍卖制度很快就消失了（Kaneko and Pettway，2003；Kutsuna and Smith，2004），在法国、英国等国家 20 世纪 90 年代引入询价制度后，拍卖制度在新股发行中占的比例也迅速下降（Ljungqvist et al.，2003；Sherman，2004）。拍卖制度中，承销商对于新股的分配权（allocation discretion）受到了约束，承销商将仅能采用确定发行价的方法来补偿具有信息优势的投资者，导致承销商无法有效地向透露真实需求的投资者配售股份，必然导致承销商需要向投资者提供更高的抑价来保障发行的成功（Ljungqvist，2004），但由于美国的承销商并不向外披露询价的细节，询价环节对 IPO 抑价的影响的研究还有待进一步深入。

以上提及的相关研究在分析承销商如何收集投资者的需求信息时，通常都假定承销商同发行方是一个利益共同体，承销商同发行方利益一致，承销商会以最大化发行方的利益来行事。但这两者之间实际上也存在信息不对称的情形，承销商作为发行人 IPO 事务的代理人（agent），双方之间存在委托代理问题。由于承销商相比发行人更了解资本市场，因而具有一定的信息优势，可能并不会完全按照发行人的利益来行事。

3.3.1.3　承销商和发行人之间的信息不对称

拜伦（Baron，1982）认为信息不对称存在于发行人和承销商之间，而非主要在发行人和投资者之间。为了激励承销商承销足额的股份，发行人有必要给予承销商一定的抑价。但穆斯卡里拉和维特萨朋（Muscarella and Vetsuypens，1989）用投资银行自身上市的情况检验了拜伦（1982）的理论假说，发现抑价现象在投资银行自身上市时仍然存在，虽然此时前述信息不对称的现象并不存在。由于该研究仅选用了 38 家券商的数据，样本较少，使得结果的稳健程度有待提升。考虑到承销商越来越作为风险投资者持有 IPO 公司上市前的股份，如果承销商持有的股份比例越高，相对而言承销中的委托代理问题将更低，抑价的幅度也将降低。林奎斯特和威尔海姆（2003）的实证检验结果支持了这一结论。

但随着美国 2000 年科技股泡沫的破灭，SEC 对此期间的 IPO 展开了调查，发现 IPO 过程中存在承销商和投资者之间的"佣金""造梯"和"钓鱼"等行为也造成了首日抑价的产生（Liu and Ritter，2010）。洛克伦和里特（Loughran and Ritter，2002）发现承销商和发行人之间信息的不对称，为承销商和投资者之间的这些非公开交易提供了可能。2002 年，瑞信第一波士顿（Credit Suisse First Boston，CSFB）同 SEC 就 CSFB 在热门股的 IPO 发行中不恰当的配售行为签署了和解协议。CSFB 为此支付了 1 亿美金的罚金，并承诺对股份配售的流程进行改造，以避免类似的情形再次发行。在 SEC 的调查中，发现 CSFB 在承销 VA Linux Systems Inc、Selectica、Gadzooks Networks 和 MP3. com 等热门 IPO 项目的过程中存在通过利用自身的承销商优势，将股份配售给承诺在日后会以额外的交易佣金（excessive commissions）的方式返回给 CSFB 的投资者。这些投资者在获得配售后，很快在二级市场上卖出（flipping），CSFB 事后收到了 33% ~65% 的利润返还，而且为了能够获得日后 IPO 的配售，这些投资者都接受了 CSFB 提出的条件。路透（Reuter，2006）运用 1996 ~1999 年共同基金持有的 IPO 公司股份的数据，研究发现共同基金在获得抑价高的 IPO 配售之后，支付给承销商的交易佣金会显著上升，这种现象在临近共同基金披露财报前的 IPO 事件中表现得更明显。格里芬等（Griffin et al.，2007）运用纳斯达克 1997 ~ 2002 年的 IPO 数据发现首席承销商的客户在新股首日交易时，平均买入了新发行股份的 20.64%，卖出了 11.85%，净买入了 8.79%，但是在分析了这些客户在 IPO 之后的行为之后发现这些投资者并没有长期持有，而这些关联的客户的购买行为是 IPO 首日交易回报的重要原因。这些经验证据都表明承销商利用自身相对发行方的信息优势，为自身谋求了经济利益，由于通过抑价可以得到的回报远高于承销费用，从而承销商有明显的动机抑价发行。凯林斯等（Kerins et al.，2007）运用日本 IPO 的数据发现尽管没有美国 IPO 的路演等环节，投资者的信息相比美国市场重要性更低，但仍然观察到和美国类似的新股抑价现象，表明新股抑价可能更多的源自 IPO 环节各个主体之间的隐形契约。霍贝格（Hoberg，2007）研究了承销商声誉的成因，发现承销商所承销的公司的抑价具有一致性，某类承销商承销的股票抑价普遍要高于另一些承销商承销的股票，其进一步的研究发现此类现象可能源于这些承销商相比其他承销商的信息优势，拥有更多的机构投资者客户。

此外，管理层和发行人之间的委托代理问题，也可能是 IPO 抑价的一个原因。刘和里特（Liu and Ritter，2010）选用在 1996 ~ 2000 年的 56 家 CEO 公司 IPO 的数据，研究了这些公司高管接受其他热门公司的新股配售的行为（Spinning），发现这些公司的高管在接受了承销商的配售后，这些公司的抑价平均要高出其他相似公司 23%。

3.3.1.4 发行人和投资者之间的信息不对称

一些研究认为信息不对称存在于发行人和投资者之间，投资者缺乏对发行人的了解。彻姆阿涅等（2010）发现如果公司的信息环境越好，投资者同公司之间的信息不对称程度越低，外部的投资者越容易评价公司的项目，公司上市的动机越强。而为了降低投资者和发行人之间的信息不对称，IPO 抑价被认为是发行人对外释放的关于自身质量的信号的一种手段，发行人籍此期待未来以更好的价格增发股份。韦尔奇（1989）、艾伦和福尔哈伯（Allen and Faulhaber，1989）以及彻姆阿涅（1993）认为投资者无法区别发行人的优劣，出于逆向选择的考虑，如若发行人不提供一部分剩余给投资者，会造成 IPO 事件是一个"柠檬市场"。优质的发行人由于对未来盈利预期，在未来可以通过股权的升值来获得回报，可以以低于市场预期的价格发行，而劣质发行人却无法跟随这个策略，发行人借此进行信号显示（Allen and Faulhaber，1989）。优质的发行人的这种行为可以为其在后续的融资中获得回报（Welch，1989），也带来了更多的分析师跟踪（Chemmanur，1993）。通常公司在增发时，资本市场会做出负面的反应（Ljungqvist，2004），如果信号显示理论成立，那么如果 IPO 抑价程度越大，在这些 IPO 的公司在增发时市场的负面反应将越小，杰加德什等（Jegadeesh et al.，1993）的实证检验都支持了这一结论。

但另一方面，由于抑价发行造成的损失（money on the table）的金额巨大，以抑价为信号对于发行人而言显得成本过高。汉利和霍贝格（Hanley and Hoberg，2010）通过对招股说明书进行文本语义分析，发现在招股说明书具有的信息含量越多，越能降低和投资者之间信息不对称的程度，从而减少对询价等价格发现活动的依赖，从而抑价更低。此外，公司还可以通过慈善捐赠或广告等方式来进行信号显示，这些方式的信号显示作用也未必不如抑价发行的行为（Ritter，2002），而且实证的证据也并不完全一致，迈凯利和肖（Michaely and Shaw，1994）的研究并没有发现 IPO 的抑价会引发公司后续的增发行为。遵循这一思路，彻姆阿涅和扬（Chemmanur and Yan，2009）研究发现，当公司近期存在 IPO 的动机时，会加大产品市场上的广告投放量，而在产品上做广告也可以降低投资者同公司之间的信息不对称程度，降低新股抑价。除了这些策略外，德里安和基斯克斯（Derrien and KecskÉs，2007）运用英国的数据发现，采用两阶段策略（先使得原始股上市交易一段时间，然后再向外发行新股）也可以降低新股发行的抑价，个中缘由在于两阶段的策略能够降低市场对公司价值的不确定性。

除此之外，承销商本身作为缓解投资者同发行人之间的信息不对称程度，为发行人质量进行背书的中介角色被研究者关注。卡特和马纳斯特（Carter and Manaster，1990）的研究发现承销商的声誉越好，越能向投资者传递出所承销公司低风险的信号，投资者所需要的抑价补偿就越低，IPO 的抑价程度就越低。卡特等（1998）的实证研究也表明声誉好的承销商所承销的公司 IPO 之后的长期表现更好。布劳和法韦特（Brau and Fawcett，2006）对 300 多位上市公司的 CFO 进行了调研，发现管理层对一定的抑价是认可的，认为是对投资者参与 IPO 活动风险的补偿，而承销商对 IPO 公司质量的背书是仅次于公司以往业绩的重要信号。

一些研究者拓展了这一领域的研究，探究了承销商如何获得发行人的信息，雪农（Schenone，2004）发现，IPO 公司同银行的关系，也可以为承销商提供信息，拥有银行关系的公司，承销商面临的信息不对称程度更低，从而会定价更精准。进而德鲁克和普里（Drucker and Puri，2005）发现，存在承销商会向发行人贷款，由此来构建双方之间的关系的现象。当承销商规模越大时，越在意自身的声誉，越不能承担发行失败的风险，会更多地采用回购的形式来稳定股价（Lewellen，2006）。由于在承销中，承销通常由多家承销商组成一个承销的辛迪加（syndicate），通常包括一家投资银行作为主承销商和多家辅承销商。科文和舒尔茨（Corwin and Schultz，2005）发现承销商组团可以收集到更多关于 IPO 公司股票需求的信息，从而更频繁地对发行价进行修改，由于发行价格考虑了更多的信息，抑价会相对降低。

上述研究分析了不同的群体之间的信息不对程度，以此来说明 IPO 抑价的原因和缓解的方法。但由于参与 IPO 活动的利益相关者比较多，因而前述提及的原因可能同时并存。也正因为此，才使得前述众多因素对 IPO 抑价都存在一定的解释力度，但又都无法完美地解释之。洛瑞等（Lowry et al.，2010）没有直接研究抑价的个体水平，而是研究了抑价的波动性，以此来说明 IPO 定价的难度。发现 IPO 首日的波动性越来越大，而且如果公司规模越小、成立年限越短和高科技类行业，波动性相对更高，表明对于此类公司的定价存在一定的难度，无法对其进行准确定价，在一定程度上也说明 IPO 抑价的复杂性。

3.3.2 IPO 抑价和上市时的制度安排

除了运用信息不对称理论来分析 IPO 抑价外，还有一些研究直接考虑了发行人的动机，认为 IPO 抑价是发行人出于 IPO 之后的股权结构、流动性、信息环境等方面的考虑而在 IPO 时做的制度安排。考虑到 IPO 会稀释发行人对公司的控制权，布伦南和弗兰克斯（Brennan and Franks，1997）认为，管理层会通过降低发行价来吸引更多的投资者，从而使得股票更加分散，减少外部投资者对公司管理层行为的影响。斯托顿和策莱纳（Stoughton and Zechner，1998）却认为管理层的这种抑价发行的策略，因为有利可图，反而可能吸引到更多的大型持股者，会起到相反的作用。阿鲁加斯兰等（AruǦAslan et al.，2004）并没有发现管理层关于公司控制权的考虑是 IPO 抑价的主要原因，IPO 公司的机构投资者持股比例、IPO 后被收购的概率等对于抑价并不存在显著的影响。

以上基于信息不对称理论对 IPO 抑价的分析，大都假设 IPO 抑价是 IPO 成功的保障。一些研究者拓展了 IPO 抑价的作用，认为上市后股票的流动性也是发行人考虑的因素之一。科文等（2004）运用纽交所上市公司 IPO 数据发现，承销商声誉越好，新股需求越高，新股上市后买方（buy side）的流动性越好，而需求不活跃的新股，卖方（sell side）的流动性越好，IPO 抑价同股票上市后的流动性存在一定的关联。埃吕尔和帕加诺（Ellul and Pagano，2006）理论论证了信息不对称程度高的情况下，公司上市后股票会缺乏流动性，抑价的作用之一就是提升公司上市后股票的流动性。蔡等（Cai et al.，2007）发现债券IPO 和增发市场也存在抑价现象，而且公司的知名度越低、风险越高，抑价程度越高，支持了信息不对称的假说，但这些债券的买卖价差、交易频率等流动性特征同抑价之间没有显著的关系，未能支持流动性抑价的假说。

除了承销商外，分析师也是 IPO 活动中不可或缺的行为主体。考虑到 IPO 之后分析师对上市公司的重要影响，一些研究者认为抑价能够吸引分析师的注意，而分析师的关注度能够降低公司的资本成本。克利夫和丹尼斯（Cliff and Denis，2004）检验了 1993 ~ 2000 年 IPO 的美国公司抑价和上市后分析师跟踪人数的关系，发现公司 IPO 抑价程度越高，上市后源自承销商的分析师跟踪人数越多。公司更换承销商和 IPO 后增发新股的概率同超额的分析师跟踪人数之间相关关系明显，认为 IPO 抑价存在购买分析师服务的可能。刘、里特（2011）也运用模型论证了发行价可能不是发行方所考虑的唯一因素，公司上市后的表现、明星分析师的跟踪人数等也可能是 IPO 公司考虑的因素，高质量的承销商在此方面具有优势。但布拉德利等（Bradley et al.，2008）运用 1999 ~ 2000 年的 IPO 数据发现，新股抑价只能短期内吸引分析师的关注，长期的作用有限，在静默期结束后的 11 个月内，分析师跟踪人数和 IPO 抑价之间的关系并不显著。

除去前述这些原因，其他制度方面的原因也可能是发行人愿意抑价发行的原因，主要包括法律的诉讼风险、税率负担等几个方面。由于美国对于公司披露的严格要求，诉讼成本对于公司而言通常都非常高。IPO 抑价可能被用来作为保障投资者回报，降低公司诉讼风险的工具。蒂尼奇（Tinic，1988）运用1933 年《证券法》的颁布（Securities Act of 1933）作为制度变迁，考察了新股抑价的变化。由于证券法案 1933 增加了 IPO 活动的诉讼风险，在该法案实施后，理应看到在此之后 IPO 抑价的上升，蒂尼奇的确发现了与此相符的经验证据。但法案前后的差异并不十分显著，而且 IPO 抑价本身也呈现上升的趋势。德雷克和维特萨朋（Drake and Vetsuypens，1993）比较了 93 个受此法案影响期间被诉讼的公司的抑价和配对的未被诉讼公司样本的抑价，发现抑价的公司更容易发生诉讼，认为抑价并没有被用来降低诉讼风险。洛瑞和舒（Lowry and Shu，2002）认为不能用事后的诉讼表征公司事前的诉讼风险，在运用联立方程模型估计后，实证结果支持了 IPO 抑价存在降低诉讼风险的功能。汉利和霍贝格（Hanley and oberg，2012）运用文本分析的方法，分析了招股说明书披露的完整性，发现抑价和披露都是降低发行活动的诉讼风险的手段之一，相比抑价，披露能在更大范围内降低诉讼风险，IPO 抑价仅对某几类诉讼风险有效。

除了诉讼风险外，税收方面也可能是发行人愿意抑价发行的重要原因。对于持有公司期权的管理层和雇员而言，当他们行使期权时，需要就行权价和公允价之间的差价缴纳所得税，而在售出股份时，需要就售卖价格和行权价之间的差价缴纳资本利得税。由于资本利得税要低于所得税，这些期权持有者通常会倾向于选择一个较低的"公允价"来行权，塔兰托（Taranto，2003）的实证检验发现抑价越高的公司，越有可能通过期权来激励管理层和雇员。

3.3.3 IPO 抑价的行为金融解释

以上基于信息不对称理论的解释和出于制度方面的原因的分析，都认为行为人是完全理性的。但随着行为经济学研究的深入，理性人的假设受到了越来越多的挑战。在分析 IPO 抑价成因时，一些研究者也开始从行为金融的角度来分析。韦尔奇（1992）认为由于投资者会参考别的投资者的行为，IPO 中最开始的购买行为会对最终全体投资者的行为产生很大的影响，使得 IPO 的需求呈现过高和过低的两种极端态势（Cascade），为了保障 IPO 成功，发行方和承销商会倾向于采用抑价发行的方式。阿米胡德等（2003）的研究支持了这一假说。

除了投资者申购行为的积聚特征外，投资者的情绪也经常被认为是投资者行为的典型特征。一些研究分析了投资者情绪同 IPO 抑价之间的关系。投资者情绪高涨时会对未来市场持乐观态度，对 IPO 公司的前景看好。德里安（Derrien，2005）用模型论证了投资者情绪对抑价的影响。即使在定价过高的情况下，由于投资者情绪高涨，也可能出现抑价为正的情况。科尔内利等（Cornelli et al.，2006）运用灰色市场（在 IPO 公司的股份上市之前，就可以开始交易公司的股份）上投资者的交易信息数据发现，投资者情绪是首日抑价的重要原因之一。当投资者过度乐观时，灰色市场价格能很好地预测上市抑价的情况，而当投资者过于悲观时，灰色市场价格对上市抑价的情况预测能力较差。考斯蒂娅和克努弗（Kaustia and Knüpfer，2008）发现了投资者对于参与 IPO 活动存在记忆和学习效应，以前申购新股活动的收益对以后参与 IPO 活动的行为存在影响，当这些行为是市场中的投资者所共有的体验时，那么整个市场也将表现为此类特征。这在一定程度上也解释了为何抑价现象一直普遍存在。迈克莱恩和赵（McLean and Zhao，2014）在研究外部融资成本时发现投资者的悲观情绪导致外部融资成本的上升，甚至会抑制了企业的 IPO 行为，进而对企业的投资和对劳动者的雇佣产生影响。

运用行为金融的理论来解释 IPO 抑价还包括前景理论（Prospect theory）的运用。洛克伦和里特（2002）发现承销商并没有就公开的信息做出完全的调整。由于公开市场信息是承销商和发行人都具有的信息，此种情形下，将 IPO 抑价归因于对投资者信息的补偿将缺乏合理性。在此基础上，他们运用了前景理论来解释，认为发行人对于股份的价格心理预期预设在询价区间的均值，发行人感知到的收益是收盘价同预期价格之间的差，而感受到的损失是抑价的部分，因而抑价能够获得发行人的认可。林奎斯特和威尔海姆（2005）检验了 Ritter（2002）的前景理论，发现 CEO 对于 IPO 越满意，在未来的增发活动中，越可能选择同 IPO 相同的承销商。

由于我国的 IPO 发行制度和定价制度同欧美国家存在明显的差异，国内的学者对于解释国内异常明显的高抑价现象也作了各种尝试。IPO 市场的政府管制被认为是影响中国市场 IPO 抑价的重要原因。政府会通过显性管制和"窗口指导"等隐性手段对新股发行价和发行数量进行约束，造成了 IPO 抑价（田利辉，2010）。于富生和王成方（2012）发现国有股权比例与 IPO 抑价正相关，IPO 公司的国有股比例越高，IPO 抑价越高。邵新建等（2013）发现在中国式 IPO 询价发行体制下，承销商由于没有新股的分配权力，只拥有确定发行价的权力，承销商无法通过配售股份的利益交换来获得投资者需求的信息，也无法通过股份的配售来对维系和投资者之间的关系，承销商自身缺乏抑价发行的动机，抑价发行无法为其带来收益，而通过推高发行价来增加承销收入，承销商声誉成为约束承销商过高发行价的主要动力。这一研究的结果有助于理解承销商在我国 IPO 高发行价现象中所扮演的角色。但如何合理地解释在高发行价的情形下普遍存在的高抑价现象依然有待后续研究的进一步深入。

3.4　本章小结

本章对本领域已有的相关文献进行了回顾。本书依循"陪审团"式决策模型来分析发审会与会委员的决策行为，故而首先对"陪审团"式决策的相关理论进行了综述。考虑到发审委员身份属于特殊的人力资本，在文献回顾中还对决策者对自身个人人力资本保护的相关理论也进行了综述。这些研究大都认为决策者对未来的职业预期、职业前景等对决策者当前的行为存在影响。结合我国发审委制度对于发审委员任期设定的特点，具有一定的借鉴意义。

　　本书分析发审委制度运行的效果，研究发审会的 IPO 核准效率，主要考察发审会环节对 IPO 定价、上市表现的影响。在文献回顾部分对 IPO 抑价理论进行了综述。现有的 IPO 抑价理论大都从信息不对称、IPO 后的制度安排和行为金融的角度来解释 IPO 抑价，大都假设了二级市场是有效的，这同我国次新股二级市场的实际情况存在一定的出入。

第4章

发审委员的任期和审核标准

本章主要研究发审会与会委员的任期同审核标准的严格程度之间的关系，共包括5节。其中4.1节沿用克勒沃里克等（1984）模型的分析框架，分析了发审委员决策行为的特点；在4.2节中对发审委员寻租行为的存在进行了实证检验，表明其存有"从宽"审核的动机；而4.3节则实证检验了证监会对审核质量较低的发审委员予以撤换的非公开"问责"方式的存在，发审委员存在"从严"审核的需要；在此基础上，4.4节主要检验了发审委员任期的推移与审核标准的调整之间的关系，4.5节是本章小结。

4.1 发审委员审核标准的理论分析

"陪审团"式决策"非黑即白"的决策结果是"陪审团"式决策模型最具特色的地方之一，相关的理论分析大都假定陪审员自身对犯罪行为设定了一个判定的标准，陪审员的决策主要是了解和判断原告的行为是否达到了这一标准。发审会的审核方式同"陪审团"式的决策制度极为相似，此处沿用克勒沃里克等（1984）的"陪审团"式决策的模型来分析发审委员的决策行为。

设想公司的质量分为两类：一类是质量优的公司 H，均值为 a；一类为质量一般的公司 L，均值为 b。不失一般性，设 $a > b$。发审委员需要对其进行综合评价。

$$Q = \begin{cases} H \sim N(a, \sigma^2) \\ L \sim N(b, \sigma^2) \end{cases} \qquad (4-1)$$

发审委员在进行判断时，存在两类错误，一类错误是弃真，即因为某些原因，把本来质量优异的公司，错判为不符合上市的标准，将其否决掉。此类错误对发审委员本身而言，带来的损失为 C_1。另一类错误是纳伪，即把本来质量一般的公司，因为未能识破公司的盈余包装等情形，而误认为质优的公司，为其 IPO 放行。此类错误给发审委员的损失为 C_2。x 为发审委员观察到的关于公司质量的信号。发审委员需要在两种错误之间权衡，其损失函数为 C，具体如图 4.1 所示。

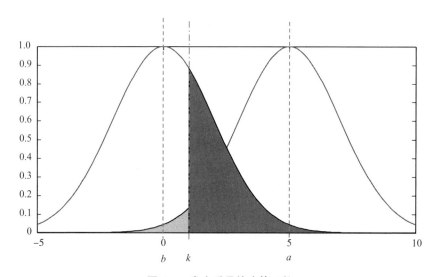

图 4.1 发审委员的决策函数

$$C = C_1 P(L \mid H) + C_2 P(H \mid L)$$
$$= C_1 \frac{1}{\sqrt{2\pi}\sigma} \int_{-\infty}^{k} e^{-\frac{(x-a)^2}{2\sigma^2}} dx + C_2 \frac{1}{\sqrt{2\pi}\sigma} \int_{k}^{+\infty} e^{-\frac{(x-b)^2}{2\sigma^2}} dx \qquad (4-2)$$

式（4-2）中第一部分为发审委员"弃真"的损失，第二部分为发审委员"纳伪"的损失。以损失最小为目标函数，求解后可知判定的标准 I 为：

$$I = \begin{cases} H, & x > k \\ L, & x < k \end{cases}, \quad k = \frac{\sigma^2 \ln C_2/C_1}{(a-b)} + \frac{(b+a)}{2} \qquad (4-3)$$

$$\frac{\partial k}{\partial c_1} = -\frac{\sigma^2}{C_1(a-b)}, \frac{\partial k}{\partial c_2} = \frac{\sigma^2}{C_2(a-b)} \qquad (4-4)$$

式（4-4）为两类损失对审核标准的影响，由于 C_1 和 C_2 皆大于 0，故 $\partial k/\partial c_1 < 0$，$\partial k/\partial c_2 > 0$。因此，$C_1$ 越大时 k 越小，申请人被认定为是高质量公司的标准要求越低，审核越宽松；而当 C_2 越大时，申请人被认定为高质量公

司的标准要求越高，

审核越严格。即当弃真为发审委员带来的损失越大时，发审委员审核的标准会越宽松，而纳伪的成本越高时，发审委员审核的标准会越严格。

从判定标准Ⅰ的表达式还可以看到，标准的高低除了依赖于两类公司之间本身质量的差异（$a-b$）和信息的充分与否（σ^2）之外，很大程度上还依赖于两类错误的相对成本（C_2/C_1）。特别地，当两类损失相当（$C_2=C_1$）时，审核的标准恰好为两类公司特征的均值。而当弃真带来的损失高于纳伪时（$C_1/C_2>1$），审核标准会定得相对较低（$k<(a+b)/2$）时，公司更容易被认定为高质量的公司，审核将相对宽松。审核标准的降低，将导致一些低质量的公司被认定为高质量的公司，纳伪出现的概率将有所上升，而弃真的概率则相对降低。当纳伪相对弃真更重要时（$C_1/C_2<1$），情况则与此相反。

实际中，弃真和纳伪的错误给发审委员带来的损失可能主要包括两部分：一部分是辨析的过程中所投入的时间和精力，属于决策的先期成本；另一部分则是犯错误后所需面对的证监会可能的处罚。总的来讲，发审委员在抉择时，会更倾向于纳伪而非弃真，这是由这两类行为的特征和新股发行核准的流程安排所决定的。首先，从信息收集的成本来讲，弃真的成本要明显高于纳伪的成本。虽然可以选择一些模糊的理由诸如"持续盈利能力存疑"[1] 等来否决，但发审委员的弃真行为，需要有足够多的信息来说服自身和其他审核人员。如果发审委员投出反对票，在投票之前，发审委员发表意见需要依据工作底稿，而且参会的情况会被录音，投票的具体情况还会留予证监会存档。因此，发审委员做出否决决议需要收集足够的信息来支持，因而会面临着一定的信息收集成本。而发审委员如果纳伪，只需不作为就可以了：不仔细审核相关材料、不认真听取意见等，而且由于信息本身天然具有不完备性，发审委员的此类行为也很难被发现。其次，从两类错误所面临的处罚损失来看，二者间的差别可能并不明显。尽管由于未能过会的公司不能公开发行新股，在发审会之后通常就退出了公众的视野，缺少了资本市场提供的价值比照和监督，因此弃真的错误较难被发现；而借由公司上市后的表现、社会公众的监督举报等途径，纳伪类错误相对容易曝光，但这并不意味着纳伪给发审委员带来的损失就更高。

之所以纳伪给发审委员带来的损失未必更高，这是因为，一方面，发审会之前的先期审核工作，已经先行去掉了许多低质量的公司，客观上降低了发审

---

① 从公布出来的 IPO 申请被否决理由来看，"持续盈利能力存疑"是最普遍的否决理由，具体数据可以参看 WIND 数据库。

委员纳伪的可能性。拟 IPO 公司的申请在进入发审会环节之前，需要经历一系列的前期审核和改进，具体包括反馈会环节、预披露和初审会等诸多环节。在发审会之前的整个初审阶段，在多次调整、修改和落实证监会提出的各种疑问和不足之后，拟 IPO 公司的质量已有较大的提升和保障，纳伪的风险已经明显降低。另一方面，进入发审会之前的这些审核环节，涉及证监会各个部门的人员众多，如初审会的参会人员就包括了证监会发行监管部门的负责人、审核处的负责人、审核人员、综合处等。发审委员的决定不可避免地受到初审会的影响。发审委员的弃真或者否决行为，在一定程度上也反映了证监会前期工作可能存在不足。而对于纳伪的错误，证监会自身也无法完全撇清失察的责任。实际中甚至因此而形成了某些投票的"惯例"："负责初审的发行部领导会在材料中点出重点关注问题。没有重点关注问题或者只有一个这类问题的话，基本可以通过发审会；有两个的话，那就要看发审委委员们的投票了；如果有三个重点关注问题，则基本上会被否决"①。此外，发审会有 7 名参会的委员，成功通过需要至少 5 名委员的赞成票，即使自己犯了纳伪的错误，产生了实质性的纳伪结果（让不符合要求的公司成功过会），也意味着至少有另外 4 名与会的委员犯了同样的错误。再考虑到纳伪的发现并不一定都非常及时，通常也需要一定的时间，而发审委员每届任期为 1 年，最多为 3 年，使得即使发现了纳伪也不一定能找到责任人。

综上所述，正是由于证监会自身的涉入和发审会本身的投票以及任期的制度设计，使得尽管纳伪的错误更易被发现，但被真正被处罚的概率并不更高。截至 2013 年年末，真正对失职的发审委员以公开谴责等方式进行问责的行为还尚未出现。故而，两类错误面临的处罚成本差别可能并不显著，再考虑到弃真需要花费更多的时间和精力，可以推测，整体而言，发审委员会选择相对宽松的标准来进行审核，以认定更多的公司为高质量的公司。

4.2 发审委员的寻租和"从宽"审核

从前文的分析可以看出，由于两类错误的处罚成本差别可能并不显著，而弃真需要花费更多的时间和精力，纳伪相比弃真具有一定的成本优势，因此发

---

① 陈旭，薄冬梅. 中介机构和它的发审委员［N］. 经济观察报，2013－06－08.

审委员在审核时，会倾向于设定较低的过会标准，加之信息不可避免的不完备性，客观上，纳伪的发生就难以避免。但"立立电子""新大地""胜景山河"等明显不合格公司的顺利过会，使得人们对于发审委员们在审核这些公司时所持的审核标准之低，还是颇感惊讶。由此也引发了社会公众对这些 IPO 公司各类"寻租"活动的广泛猜测。如果发审委员确实借由自身的委员身份在 IPO 的过程中攫取租金，自然会选定一个相对更低的审核标准来帮助某些公司过会，以实现主观上的纳伪。那么针对发审委员的寻租活动确实存在吗？

4.2.1　研究假说

发审委制度作为我国 IPO 发行制度中特有的制度设计，故已有的研究大都由国内学者完成。有研究认为会计师事务所的合伙人担任发审委员后，事务所存在维护自身"声誉"的动机，伴随着曾经的负责人成为发审委员，这些会计师事务所负责审计的公司会计信息质量会有所提升（陈辉发等，2012）。而这些事务所负责的 IPO 公司，相比那些没有事务所关联的公司，会计信息更稳健性、正向盈余管理程度也更小，上市后在资本市场上的表现也更好（谭劲松等，2013）。但陈辉发等（2012）的研究选取的是 2004～2007 年的样本，而在此期间申请 IPO 的主体为国有企业，上市甚至可能出于非经济因素的考虑（祝继高和陆正飞，2012），这可能影响了过会标准的评判。而谭劲松等（2013）的研究虽然运用了更长期间的样本，但其结论只存在于正向盈余管理的子样本中，而且考察的是公司上市后 12 个月的市场表现可能混有较多噪声，这些在一定程度上限制了其结论的力度。此外，由于这些研究都没有考虑未成功过会的公司，不得不将比较的对象限定在已经过会的公司群体中，这自然改变了比较的基准。他们的研究结论在加入 IPO 申请被发审委否决的观测后是否依然成立是一个让人存疑的问题。

事实上，在考虑了未过会的公司后，实证检验的结论却趋于一致。已有的关于公司是否成功过会和发审委员关联之间关系的研究发现，存在关联的公司同没有关联的公司相比，在 IPO 之后总资产收益率下滑得更多（杜兴强等，2013），上市首日抑价更低（赖少娟和杜兴强，2012；陈运森等，2014）。这些研究认为拟 IPO 公司通过聘请发审委员曾任职的会计师事务所来和发审委员构建关联，以期在发审会的过程中提供帮助，提高公司的过会概率。此类关联关系的构建滋长了 IPO 审核过程中的"寻租"活动，降低了过会公司的质量（李敏才和刘峰，2012；赖兴娟和杜兴强，2012；杜兴强等，2013；Yang,

2013；陈运森等，2014）。这些研究都将发审委员关联定义为发审委员曾任职的会计师事务所或律师事务所等中介机构是拟 IPO 公司聘请的审计或法律服务机构，认为拟 IPO 公司通过建立发审委员关联可以对过会的关键因素更了解而进行包装（陈运森等，2014），而且能够获得发审委人脉（陈运森等，2014）、证监会关于审核动向、发审委员的个人偏好等内部信息（赖兴娟和杜兴强，2012；杜兴强等，2013）来进行寻租活动。

从前述文献可以看出，我国现有的相关研究认为，拟 IPO 公司同发审委员间的直接联系是寻租的途径。但结合证监会对发审委员选聘、发审会的流程和公司上市申请的整个过程，拟 IPO 公司通过直接关联发审委员来实施寻租活动，帮助公司过会，操作起来并不容易。

首先，对于直接关联的发审委员自身而言，既不具备可行性，也缺乏足够的动机来实现"攫租"。由于发审委制度设立了回避制度，和拟 IPO 公司直接关联的发审委员不得出席公司的发审会，因而直接在发审会议上对关联公司进行"照顾"的可能性为零。而如果寻租确是通过存在直接关联的发审委员来完成的，那么需要该发审委员或者透露发审会的关键信息或者直接对出席发审会的发审委员进行游说。2004 年以后，出席发审会的委员名单在会议召开的前 5 个工作日确定和公开，提前透露发审会信息已不具可行性。而如果进行游说，考虑到出席发审会的委员有 7 名，成功过会则至少需要 5 名参会人员一致同意，在如此短的时间内成功游说的难度是相当大的。而且考虑到其中一些发审委员曾任职的事务所可能还是曾经的或者潜在的竞争对手，一旦游说的对象不予配合，关联的发审委员自身将面临极大的风险。因此，发审委员为了某一家直接关联的拟 IPO 公司，在如此短的时间内，冒如此大的风险，游说如此多的发审委员，实无可能和必要。如果有此过程中存在"寻租"的可能，那么仅可能是拟 IPO 的公司向直接关联的发审委员寻求某些相关的信息（如某个时期证监会对拟 IPO 公司哪些方面的风险给予重点关注）和经验指导。

其次，从拟 IPO 公司自身的角度而言，虽然能否成功过会的确是其最关心的问题，但通过聘请会计师事务所等中介机构来和发审委员构建直接的社会关联，实施寻租活动的难度也相当大。公司准备 IPO 是一个漫长的过程。在进行发审会之前，需要经历改制、上市辅导、申报等众多环节。公司通常在改制阶段就需要选定 IPO 过程中的中介机构，包括承销商和会计师事务所和律师事务所等。这些中介机构一旦确立，除特殊情况外，通常极少发生变更。在此之后，需经历半年到一年的上市辅导期，最后进入 IPO 申请文件的准备、申报和审核阶段，整个过程经历的时间一般超过一年。如果遇到 IPO 暂停等阶段，整个过程需要等待的时间更长。公司准备 IPO 的整个过程实际上耗费的时间颇久。而发审委员的任期最长为 3 年（即连任 3 届），从统计来看，大部分的委员只任职了 2 年就不再担任发审委员，而且基本不会有再次出任发审委员的机会。① 如果拟 IPO 公司试图通过公司的审计、法律等业务同发审委员构建直接关联，则需要提前同公司在参加发审会时可能在任的发审委员建立联系。如此一来，拟 IPO 公司甚至需要提早预测发审委员人选，而且还不能出错。但拟 IPO 公司通常对审计和法律等行业缺乏足够的了解，要成功预测发审委员的当选，可能性显然微乎其微。因此拟 IPO 公司主动通过这些业务来构建关联，进而寻租的可行性是极其低的。另外，参加发审会对大部分拟 IPO 公司而言是一次性的行为，同发审委员的关联即使能发挥作用，也是一次性的。试想对于这种构建的难度非常高，能否发挥作用又非常不确定，而且即使起作用，时效性又仅有一次的关联，拟 IPO 公司主动构建的可能性应该并不高。

因此，拟 IPO 公司通过自身的会计、法律业务和发审委员建立直接联系，并籍此来实现 IPO 过程中的寻租活动，无论对于期望寻租的拟 IPO 公司，抑或是期望籍此来攫租的发审委员而言，可行性都极低，故双方的直接关联关系无法成为寻租活动最可能的途径。尽管如此，发审委的表现却又的确备受社会各界诟病："……IPO 灰色利益上的寻租链条……发审机制中看似安全的防火墙设置，在灵活的人为面前，早已不是一道难以逾越的屏障……"②。为此，符合逻辑的推断是，如果 IPO 审核的过程中确有寻租活动，那么拟 IPO 公司同发审委员间的寻租活动的实现，必然需要依赖于另外的行动主体。对于此类主体的要求，一方面，该主体同拟 IPO 公司间要存在联系，而且能对拟 IPO 公司施加影响；另一方面，该主体既需要有同发审委员构建关联的动机，也需要有这样的能力。最后，发审委员参与其中既能获得利益，同时又不违反自身的独立性的要求。那么，谁适合和可能担当这一主体角色呢？

无疑，前述主体首推公司 IPO 过程的"总协调人"——承销商。拟 IPO 公司的承销商不仅需要全程参与拟 IPO 公司的整个 IPO 准备活动，而且通过承销的多家公司的发审会等活动，同整个发审委员群体存在多次见面和沟通的机会，是拟 IPO 公司和发审委员之间天然的联系人。在拟 IPO 公司同发审委员之

---

① 截至 2013 年，在历届发审委成员中，只有谭红旭在担任过第 10 – 11 届主板的发审委员后，担任过第 3 届的创业板发审委员，再无离任后又再次任职的现象。

② 蔡俊. 独家追问发审委：为什么 IPO 问题公司那么多？[N]. 理财周报，2013 – 08 – 12.

间直接联系被制度阻断的情况下，拟 IPO 公司完全可以通过承销商同没有直接业务关联的发审委员取得联系。这种间接的关联丝毫无损于相关制度对发审委员独立性的要求。这是因为独立性的要求往往只能对直接的利益关联进行约束，而对非直接的关联却基本无能为力。已有的关于独立董事独立性的研究就发现公司会乐意聘请对公司业绩预测偏乐观的分析师做独立董事，这些合规的独立董事实际上并不"独立"（如 Cohen 等，2012）。同样的，对发审委员独立性的制度要求只限制了拟 IPO 公司和发审委员之间的直接业务关联，却无法对双方通过拟 IPO 公司的承销商等金融中介所构建的非直接关联进行约束，这是社会交往和利益交换结构的网络特征所决定的。从社会网络理论来看，对发审委员独立性的制度要求，使得拟 IPO 公司和发审委员间的社会网络出现了"结构洞"（structural hole），两个缺少了直接联系的团体，需要通过第三方才能形成联系（Burt，2001）。依据结构洞理论，在网络中具有连接桥位置的第三方，由于拥有信息和网络位置优势，具有不可替代性，能够为自身攫取利益。拟 IPO 公司的承销商在拟 IPO 公司和发审委员的关系网络中，恰处于拥有"结构洞"的特殊位置，是拟 IPO 公司和发审委员之间的桥梁。这和承销商的身份优势是相符的，相比发审委员和拟 IPO 公司，拟 IPO 公司的承销商拥有自身特有的信息优势，在一定程度上，甚至可以主导整个寻租活动。

当拟 IPO 公司和审核之 IPO 申请的发审委员通过承销商间接关联起来时，看似"独立"的发审委员，就可以成为实质关联的委员。如果拟 IPO 公司和发审委员之间存在非公开且合法的利益交换，也大可通过承销商这一中介来实现，如图 4.2 所示。

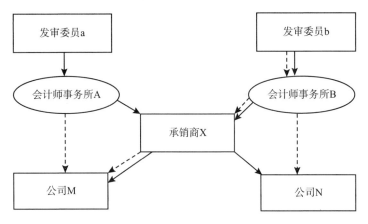

图 4.2 承销商：拟 IPO 公司和发审委员之间的"桥"

　　图 4.2 示例了拟 IPO 公司和发审委员之间通过承销商的中介而构建起来的间接关联及其可能被利用于寻租活动的途径。假定两家拟 IPO 公司 M 和 N 都由同一家承销商（X）来承销。两个发审委员 a 和 b 分别来自会计师事务所 A、B。公司 M 聘请了会计师事务所 A，由于独立性的要求，发审委员 a 对于公司 M 的 IPO 审核能发挥的作用有限，但通过承销商 X，拟 IPO 公司 M 和发审委员 b 之间就存在了非直接的关联关系，拟 IPO 公司 N 和发审委员 a 之间也是如此。按照相关制度安排，发审委员 b 对于 M 的发审会是符合独立性要求的，从而可以且可能参加 M 的发审会。这样，若发审委员 b 参加了 M 的发审会，就可以在出席发审会时直接予以"关照"。而发审委员 b 通过这一关照可得的合法利益是其所在会计师事务所承接承销商所承销的另一拟 IPO 公司 N 的审计业务以及来自 M 的审计师 A 会计师事务所的发审委员 a 对其客户 M 的 IPO 申请之关照。自然，逆向思考发审委员 a 所能攫取到的租金，也是如此。自然，发审委员 b（a）完全可能没有参加 M（N）的发审会，但可以为 M 和 N 的 IPO 申请发挥信息和经验支持（出谋划策）作用乃至进一步"中介"其他发审委员的作用。但是，当承销商市场份额很高，承销的 IPO 项目很多时，实现图 4.2 中的间接、隐性和"合法"的利益交换之概率是很高的。此外需指出的是，在此分析之中，拟 IPO 公司 M 和 N 申请 IPO 之时间顺序不重要，仅是举例而已。

　　进而言之，从发审委员的角度来看，由于发审委员通常是其来源事务所的合伙人或股东，享有事务所利润的分红权，而且在发审委员的工作结束后，会返回原事务所工作。发审委员显然同其来源事务所之间存在天然的利益关联。而拟 IPO 公司的审计、法律业务通常利润丰厚，而且一旦公司成功上市，一般能够继续提供后续几年的业务。审计和咨询市场是一个充分竞争的市场（Wang et al.，2008），如果有业务，事务所没理由会拒绝。正是由于拟 IPO 公司的审计和咨询业务的重要性，IPO 审核的过程中如果存在寻租活动，那么这些业务将是发审委员"攫租"的重要标的。虽然发审委员拥有关于公司过会的标准、上会的注意事项等特有信息，抑或是直接在公司发审会上给予"关照"的权力，却因为自身的独立性要求，和知悉自身是否参加发审会的及时性存在问题等因素，自身无法直接找到攫租对象，需要承销商的中介。另外，从拟 IPO 公司的角度来看，拟 IPO 公司对金融中介行业常常缺乏足够的了解，无法充分感知金融中介机构的声誉，在挑选时往往无从分辨会计师事务所、律师事务所等专业机构的优劣。拟 IPO 公司的承销商在此方面具有天然的优势，通过日常业务和所承销的多家公司，在同这些金融中介的多次接触中，自然拥有更多的信息。在拟 IPO 公司选择会计师事务所和律师事务所时，承销商往往具有很重要的建议权，甚至决定权。①

正是基于自身的信息优势和 IPO 过程中的"总协调人"角色，所承销的拟 IPO 公司的审计和法律服务等业务就成为承销商和拟 IPO 公司可以投给发审委员的"桃"，承销商可以运用自身在拟 IPO 公司选择这些金融中介时的建议权，将一部分公司的审计和法律咨询业务"介绍"给相关的发审委员，借此来构建和发审委员之间的关联。作为对承销商介绍业务的回报，发审委员对其承销的拟 IPO 公司予以 IPO 审核信息支持乃至发审会中的"关照"之帮助，由此来完成自身的"报李"行为。而对于拟 IPO 公司本身而言，这些业务也是必不可少的，委托给承销商来安排，不但省时省力，而且还能借此提升自身过会的概率，自然也乐得做此"顺水人情"。故拟 IPO 公司、承销商和发审委员在此过程中都能提升自己的个体效用，IPO 审核过程中的寻租活动也就得以顺利实现。按照现有制度安排，这整个过程完全是合法合规的，参与的各方彼此之间甚至可以对之心照不宣，无须任何正式乃至非正式的沟通，极具隐蔽性和可行性。即使监管机构有意对之查究，也无可作为。

综上，可以预见，当拟 IPO 公司的承销商通过所承销的 IPO 公司的审计、法律等业务而关联的发审委员越多，拟 IPO 公司在 IPO 审核过程中就越可能获得关联发审委员的帮助，审核的标准就会更低，IPO 的申请被否的概率也就越低。故可提出本节待检验的研究假说 4.1：

H4.1：与拟 IPO 公司的承销商关联的发审委员越多，拟 IPO 公司的 IPO 申请被否的概率越低。

需指出的是，前述假说检验结果的显著性存在被低估的可能。首先，在本节的分析框架下，能观察到的承销商和发审委员之间的关联，将仅限于发审委员来源的事务所承担了承销商所服务的拟 IPO 公司的审计、法律业务。这显然不是拟 IPO 公司、承销商和发审委员联系的唯一方式，这种定义会导致一些本来存在其他直接或间接关联的发审委员被认定成不存在关联关系的发审委员。其次，由于寻租活动的非正当性，成功实施的寻租活动通常都极具隐蔽性，特别是考虑到声誉在金融业中的重要作用，情况更是如此。如可能存在的寻租活动是由拟 IPO 公司通过承销商的"牵线搭桥"来同发审委员私下联系，进而

---

① 如陈旭和薄冬梅在《中介机构和它的发审委委员》一文（经济观察报，2013‑06‑07）中就提到"拟上市公司选择中介机构最大的建议就是：这家中介机构要有发审委委员……"。

实施非法寻租。但此类私密性的寻租活动将很难被公开观测到，而且承销商和发审委员都会有意愿隐藏和模糊化二者之间的关联。再者，承销商也并非拟 IPO 公司同发审委员之间唯一的中介。[1] 这些因素都可能掩盖可直接观测到的承销商同发审委员间间接关联关系的作用，导致实证的结果显著性被低估。

4.2.2　研究设计

本节的主要被解释变量为公司是否成功过会，如果被否则为 1，通过则为 0，主要的解释变量为同拟 IPO 公司所聘请的承销商存在关联的来自会计师事务所的发审委员人数，即当发审委员曾任职的会计师事务所至少为拟 IPO 公司所聘请的主承销商所承销的一家拟 IPO 公司提供 IPO 审计服务，就认为两者间存在关联。需要说明的是，本节在界定发审委员的承销商关联关系时，仅考虑源自会计师事务所的发审委员，而不考虑源自律师事务所的发审委员（后者留待稳健性检验中进行）。主要是出于前文已述及的检验结果的显著性可能被低估的考虑，需要找到最可能的寻租设定来进行检验。选用 IPO 审计业务关联将比考察法律服务业务关联更具优势，这是因为：首先，从证监会披露的历年公司 IPO 申请被否原因来看，IPO 被否的原因多为持续盈利能力、独立性等，大都是基于财务信息而提出的问题或者直接是财务问题[2]，这无疑是审计师出身的发审委员的专长所在，故拟 IPO 公司和承销商最需要建立关联的发审委员是审计师出身的发审委员。其次，从发审委员角度来看，IPO 业务的审计收费相比律所的法律服务收费更高，前者平均为 307 万元，约为后者平均 134 万元收费的 2.3 倍，[3] 后者甚至存在低于 30 万的情形。从利益交换的长期性来看，一旦 IPO 成功后，上市公司通常会继续聘任负责 IPO 审计业务的事务所进行年报的审计等服务，并延续多年，但法律服务却不具有此种明显的业务收入持续性。如以年报审核的平均 156.31 万元费用[4]和 5 年的签字年数[5]计算，审计业

---

[1]　袁国礼. 21 世纪网新闻敲诈案：收百余家企业数亿"保护费"［N］. 京华时报，2014 – 09 – 11.

[2]　张欣然. 162 个 IPO 被否内幕：财务会计问题头号杀手［N］. 理财周报，2012 – 06 – 18，以及中国证监会发行监管部，保荐业务通讯，2010 年.

[3]　丁青云. 利益链：律所收费不及投行 3% 国浩批发国信 IPO［N］. 理财周报，2011 – 08 – 08.

[4]　中国注册会计师协会，中注协发布 2013 年年报审计情况快报（第十六期)》，2014 年 5 月 19 日.

[5]　5 年的设定是参考《关于证券期货审计业务签字注册会计师定期轮换的规定》，证监会计字［2003］13 号得来的，实际上，签字会计师的轮换通常并不意味着签字事务所的轮换，会计师事务所实际能连续服务的年份更长。

务的重要性更加明显，审计师出身的发审委员攫租动机也更强。最后，从发审委员组成的客观结构来看，源自会计师事务所的发审委员人数也要远高于源自律师事务所的发审委员人数。截至 2012 年，历届 25 名主板的发审委员中，平均有 8.9 名审计师发审委员和 5 名律师发审委员；而在 35 名创业板的发审委员中，分别平均有 13.6 名审计师发审委员和 6.4 名律师委员，审计师发审委员占全部委员的比例为 37.14%，律师发审委员的占比 19.14%；从出席每次发审会的 7 名发审委员统计来看，通常有 3 名或以上的审计师发审委员（中位数为 3，均值为 3.34），律师发审委员通常为 1 到 2 名（中位数为 2，均值为 1.71）。无疑，拟 IPO 公司、承销商和发审委员之间建立隐秘的关联关系从审计师发审委员方面入手更方便和更高效。

在控制变量方面，本节参考其他的研究（杜兴强等，2013；陈运森，2014），对公司的业绩（ROA）和财务杠杆（LEV）等进行了控制。由于我国的 IPO 市场受到管制，证监会会依据资本市场的情况决定是否进行新股的发行[1]，在市场低迷的时候，可能公司过会的概率也不一样，为此对资本市场态势（BULL）进行了控制，沿用了帕干和索瑟诺夫（Pagan and Sossounov，2003），权小锋等（2012）对牛熊的分类标准。此外，考虑到发审委员的社会人的属性，决策时也受到外界市场氛围的影响，还对投资者的情绪（SENTIMENT）进行了控制，借鉴李等（Lee et al.，1991）的研究，选用了发审会时封闭式基金的折价率来进行度量。除了客观要求外，公司能否过会更多地依赖发审委员的主观判断，为此，翻阅了证监会披露的公司未能成功过会的原因，对提及的相关指标进行了控制。主要包括两大类，一类是财务指标，包括公司的销售收入增长率（GROWTH），用来表征公司的成长性；公司的存货周转率（INVTURN），反映公司存货的变化情况；应收账款周转率（ACRECTURN），考察公司销售回款的情况；以及产品销售的毛利率（MARGIN），用来衡量产品市场的竞争程度和发展前景；此外，还控制了应计总额（TACC），用来衡量盈利的质量。除财务指标外，对于公司的治理情况也进行了控制，主要包括关联交易（TUNNEL），用以衡量拟 IPO 公司业务的独立性；股权结构（FSHR）和股权制衡度（BAL），分别用第一大股东持股比例和上市前一年第二大股东至第十大股东持股比例除以第一大股东持股比例来衡量。考虑到 IPO 时可能存

---

[1] 钟国斌. IPO 重启大约在 7 月底　市场低迷 IPO 重启需慎重［N］. 深圳商报，2013 - 07 - 09.

在对某些经济不发达地区的照顾，以及对不同所有权性质的公司的偏好①，对公司的地域（PLACE）和是否为国有控股（SOE）也进行了控制。除此之外，考虑到首次申请和多次申请时公司对于发审会的了解可能存在差异，对是否是首次申请（FTIME）也进行了控制。而由于不同的拟上市板块的标准和发审委成员存在一定的差异，对于拟上市的板块（MARKET）也进行了控制。除去前述控制变量，还对出席公司发审会的 7 名发审委员平均的任职时间（TENURE）进行了控制，以控制可能存在的发审委员在任职的不同时期，对于公司过会的要求可能存在的差异。考虑到金融中介的影响，对于会计师事务所和券商的声誉也进行了控制，借鉴以往的相关文献，分别用是否是十大会计师事务所（BIG10）和十大券商（BIGUNDR）来度量。具体的变量定义可参见表 4.1。

　　具体的 Logit 回归模型参见式（4－5）。该式用来检验假说，期望拟 IPO 公司承销商的关联发审委员（AUDNUM）越多，公司过会被否的概率越低，系数 β_2 显著负。

$$
\begin{aligned}
NOPASS = {} & \alpha + \beta_2 AUDNUM + \beta_3 TENURE + \beta_4 BIGUNDR + \beta_5 BIG10 \\
& + \beta_6 GROWTH + \beta_7 SIZE + \beta_8 LEV + \beta_9 ROA + \beta_{10} FSHR \\
& + \beta_{11} FSHR^2 + \beta_{12} BAL + \beta_{20} FIRSTAPP + \beta_{15} SOE + \beta_{16} PLACE1 \\
& + \beta_{17} PLACE2 + \beta_{13} SENTIMENT + \beta_{14} BULL + \beta_{18} MARKET1 \\
& + \beta_{19} MARKET2 + \sum_{i=1}^{n} CONTROLS_i
\end{aligned}
\tag{4－5}
$$

　　在回归方程（4－5）中，并不区分关联发审委员是否参加了具体某个拟 IPO 公司的发审会，故发审委员回报的"李子"包括 IPO 信息支持和发审会中的直接"关照"。但如前述，从发审委员回报给承销商和拟 IPO 公司的"李子"来看，以往的研究认为由于直接关联的发审委员不能出席拟 IPO 公司的发审会，与 IPO 审核相关的各类信息是寻租对象从直接关联发审委员获得的重要回报，如证监会关于审核动向、发审委员的个人偏好等内部信息（赖兴娟和杜兴强，2012；杜兴强等，2013）。这些信息无疑能帮助拟 IPO 公司更好地准备发审会，降低被否的风险。拟 IPO 公司对此类信息存在切实的需求，无论是直接还是间接关联的发审委员又的确能够提供此类信息。故而 IPO 审核的相关信息和经验可以是发审委员回报的"李"。但另一种更直接、更见效的方式是在

---

① 中国证监会创业板发行监管部首次公开发行股票审核工作流程，2014－04－11，http：//www.csrc. gov. cn/pub/zjhpublic/cyb/201202/t20120201_205252. htm.

发审会环节给予拟 IPO 公司"关照": 如关联的发审委员可以通过直接在发审会上投赞成票（由于发审会的参会委员人数为 7 人，单个委员赞成票就可以保证 14% 的过会概率）；在发审会上的聆听问询等环节故意询问非重要问题，间接阻止其他的与会发审委员问询拟 IPO 公司可能的重点缺陷；甚至对其他的与会委员施加潜在的影响等各种方式助力公司过会。如果拟 IPO 的公司本身的资质距离过会的要求存在些微的差距，关联发审委员的作用将尤其显著。为了对上述两种发审委员可能回报的"李子"加以区分，进一步运用了两组检验。对于是否存在直接在发审会环节对拟 IPO 公司进行"关照"，将式（4-5）中的发审委员关联人数（AUDNUM）替换成出（4-6）式中的出席某个拟 IPO 公司发审会的关联发审委员数（IECAUD）。依然期望系数 β_2 显著负，这样说明关联的发审委员通过发审会环节直接对拟 IPO 公司"关照"。

$$\begin{aligned} NOPASS = {} & \alpha + \beta_2 IECAUD + \beta_3 TENURE + \beta_4 BIGUNDR + \beta_5 BIG10 \\ & + \beta_6 GROWTH + \beta_7 SIZE + \beta_8 LEV + \beta_9 ROA + \beta_{10} FSHR \\ & + \beta_{11} FSHR^2 + \beta_{12} BAL + \beta_{20} FIRSTAPP + \beta_{15} SOE \\ & + \beta_{16} PLACE1 + \beta_{17} PLACE2 + \beta_{13} SENTIMENT + \beta_{14} BULL \\ & + \beta_{18} MARKET1 + \beta_{19} MARKET2 + \sum_{i=1}^{n} CONTROLS_i \end{aligned} \quad (4-6)$$

类似于式（4-6），对于发审委员是否存在提供信息支持的"报李"行为，可以选取不存在关联发审委员出席发审会的子样本来进行检验。

在回归方程（4-6）中，对于连续变量都进行了上下 1% 的 winsorize 处理，以消除极端值的影响，此外还对回归残差进行了异方差处理。考虑到存在多次申请的公司导致的残差的序列相关，进行了公司层面的 cluster 处理。

变量定义见表 4.1。

表 4.1　　　　　　　　　　　　　　变量定义表

变量	变量含义	变量定义
NOPASS	IPO 被否	IPO 被否取值为 1，通过的取值为 0
AUDNUM	和拟 IPO 公司的承销商关联的审计师发审委员人数	当发审委员曾任职的会计师事务所至少为拟 IPO 公司所聘请的主承销商所承销的一家拟 IPO 公司提供 IPO 审计服务时，为关联发审委员，计其人数
IECAUD	出席 IPO 公司发审会关联审计师发审委员数	出席公司发审会的 7 名委员中存在关联的审计师委员人数，关联的定义同 AUDNUM

续表

变量	变量含义	变量定义
CAPIN	拟 IPO 公司和审计师发审委员直接关联	当届的发审委成员中存在曾任职于公司聘请的会计师事务所的委员为 1，否则为 0
ACCOUNT	出席发审会成员中审计师委员数	7 名参会的发审委员中，来源于会计师事务所的发审委员人数
TENURE	发审会成员任期	参加发审会的 7 名发审委员，每人已经连续任职的年份数的均值
BIGUNDR	券商声誉	是否为"十大"券商，判断标准为证券业协会公告的年度营业收入前十名
BIG10	会计师事务所声誉	是否为"十大"会计师事务所，判断标准为注册会计师协会公告的年度营业收入前十名
GROWTH	成长性	上市前两年平均的营业收入增长率
TUNNEL	关联交易	上市前三年（其他应收款－其他应付款）/总资产的均值
INVTURN	存货周转率	2×营业成本/（期初存货＋期末存货），上市前两年的均值
ACRECTURN	应收账款周转率	2×营业收入/（期初应收账款＋期末应收账款），上市前两年的均值
AGENCY	代理成本	现金流量表中"支付的其他和经营活动有关的现金"/资产总额，上市前三年均值
TACC	应计总额	（净利润－经营活动现金净流量）/资产总额，上市前三年均值
MARGIN	毛利率	（营业收入－营业成本）/营业收入，上市前三年的均值
SIZE	公司规模	上市前三年平均总资产的自然对数
LEV	财务杠杆	上市前三年平均资产负债率
ROA	资产净利率	上市前三年平均的资产净利率
FSHR	第一大股东持股比例	上市前一年第一大股东持股比例
BAL	股权制衡度	上市前一年第二大至第十大股东持股比例除以第一大股东持股比例
SENTIMENT	投资者情绪	发审会时封闭式基金折价率
BULL	市场牛熊	市场处于牛市时为 1，市场处于熊市时为 0
SOE	是否国有	控股股东为国有时取 1，否则为 0

变量	变量含义	变量定义
FTIME	是否首次申请	如果是首次申请 IPO 则取值为 1，否则为 0
PLACE1	是否非中西部	如果非中西部则取 1，否则为 0
PLACE2	是否中部	如果为中部则为 1，否则为 0
MARKET1	是否为创业板	如果为创业板则取 1，否则为 0
MARKET2	是否为中小板	如果为中小板则为 1，否则为 0

4.2.3 样本和描述性统计

本研究选取了 2003 年至 2012 年 10 月 10 日（此后一年多时间内 IPO 一直处于暂停状态）发审委审核的拟 IPO 公司。对于成功过会且已经发行的公司，其财务数据源自 CSMAR 数据库，IPO 前的股权数据源自 RESSET 数据库，行业等信息则取自 Wind 数据库；对于成功过会，但尚未发行的公司和未过会的公司，我们从招股说明书中摘录了未过会时的财务数据和发行前的股权结构，所属的行业则来自 Wind 数据库。对于历届发审委员的相关信息和公司聘请的金融中介的数据则取自 Wind 数据库，尚处于上市辅导期的公司信息也源自 Wind 数据库。而对于券商排名数据则源自证券业协会网站，会计师事务所排名数据源自中注协网站。考虑股权分置改革后 IPO 于 2006 年 6 月 2 日重启，在此前后资本市场的情况发生了显著变化，故而去掉了那些在此之前的观测。另外，招股说明书需要披露的是上会时近三年及一期的财务报表，出于相关指标可比性的要求，对于数据存在缺失的观测也进行了剔除，样本筛选的过程详见表 4.2。

表 4.2 样本的筛选过程

		家次
审核家次		1659
	去除：上市板块数据缺失	1
	取消审核	32
	暂缓表决	16

续表

		家次
明确审核结果		1610
	未通过	305
	去除：招股说明书缺失	44
	2006 年股改前的观测	23
	财报、股权、中介信息缺失	9
	小计	229
	通过	1305
	去除：已过会未发行公司数据缺失	2
	缺失连续三年的财务数据	94
	IPO 前股权信息缺失	24
	营业收入、中介信息缺失	2
	金融业	23
	小计	1160
合计		1389
其中	沪市主板	131
	深市中小板	774
	深市创业板	484

表 4.3 列出了发审委审核结果各年的通过情况，可以看到平均的否决率为 17% 左右。除 2007 年和 2011 年的通过率略低于 80% 外，其他各年的通过率差别不大。表 4.4 是各个不同市场板块的过会率情况，可以发现主板市场的过会率最高，约为 11%，明显高于中小板和创业板的过会率。这和样本期间在主板 IPO 的公司大都为超大型国企回归 A 股市场的情形是相吻合的。出于李敏才和刘峰（2012）和陈运森等（2014）相类似的考虑，最终剔除主板的拟 IPO 公司。

表 4.3　　　　　　　　各年的通过率统计

分类		2006 年前	2006 年	2007 年	2008 年	2009 年	2010 年	2011 年	2012 年	合计
全部审核	被否	37	11	38	20	28	62	72	37	305
	通过	75	62	117	96	169	345	265	176	1305
	通过率（%）	66.96	84.93	75.48	82.76	85.79	84.77	78.64	82.63	81.05

续表

分类		2006 年前	2006 年	2007 年	2008 年	2009 年	2010 年	2011 年	2012 年	合计
样本	被否	0	16	15	24	55	63	37	210
	通过	50	93	62	155	314	223	151	1048
	通过率（%）	100.00	85.32	80.52	86.59	85.09	77.97	80.32	83.31

表4.4　　　　　　　　　　各市场板块的过会率

分类	全部审核				样本			
	审核	通过	被否	被否率（%）	审核	通过	被否	被否率（%）
主板	183	162	21	11.48				
中小板	936	734	202	21.58	774	642	132	17.05
创业板	491	409	82	16.70	484	406	78	16.12
合计	1610	1305	305	18.94	1258	1048	210	16.69

表4.5 为变量描述性统计的表格。拟 IPO 公司聘任的承销商通常同在任的 2 名会计背景的发审委员存在关联（中位数为 2，均值为 2.17），而如果不考虑还处于上市辅导期中的公司，则通常只有 1 名关联的审计师发审委员（中位数为 1，均值为 1.73）。这从某种程度上说明通过尚处于上市辅导期的公司来构建关联是可能的。而出席公司发审会的 7 名发审委员中，通常有 3 名或以上的审计师发审委员（中位数为 3，均值为 3.34），与会人员中出现关联的审计师发审委员并不普遍（中位数为 0），但也有 25% 的公司的发审会有 1 名关联委员（75% 分位数位 1），最高的情况下 7 名中有 3 名是关联委员。可见证监会对于借由承销商构建的关联并没有做出约束。从各个变量间的相关系数可以看出，市场状况同公司过会的概率之间存在关联，投资者情绪和市场的牛熊都和被否的概率负相关，相关系数分别为 -0.07 和 -0.10，说明市场越热，被否的概率越低。其他变量中，7 名发审委所处的平均任期（TENURE）和过会是否被否存在显著的负相关关系，相关系数为 -0.095，说明任期越高，被否的概率越低。主要变量之间的主要相关系数都小于 0.7，说明不存在显著的共线性问题。

52

表 4. 5　　　　　　　　　　　　变量的描述性统计①

变量名	n	Mean	S. D.	Min	0. 250	Mdn	0. 750	Max
NOPASS	1258	0. 170	0. 370	0	0	0	0	1
AUDNUM	1258	2. 170	2. 160	0	0	2	3	10
IECAUD	1258	0. 640	0. 890	0	0	0	1	3
ACCOUNT	1258	3. 340	0. 820	0	3	3	4	6
CPAIN	1258	0. 210	0. 410	0	0	0	0	1
BIGUNDR	1258	0. 600	0. 490	0	0	1	1	1
BIG10	1258	0. 340	0. 470	0	0	0	1	1
TENURE	1258	1. 540	0. 500	1	1	1. 570	2	3
GROWTH	1257	0. 370	0. 300	− 0. 0700	0. 190	0. 300	0. 470	1. 750
TUNNEL	1238	0	0. 0500	− 0. 170	− 0. 0200	0	0. 0100	0. 140
INVTURN	1216	8. 920	23. 21	0. 770	2. 650	4. 190	6. 920	201. 7
ACRECTURN	1247	20. 58	58. 09	1. 690	4. 250	6. 310	12. 30	455. 6
AGENCY	1255	0. 120	0. 0900	0. 0100	0. 0600	0. 0900	0. 150	0. 520
TACC	1254	0. 0200	0. 0700	− 0. 140	− 0. 0300	0. 0100	0. 0600	0. 200
MARGIN	1257	0. 350	0. 170	0. 0700	0. 230	0. 310	0. 440	0. 900
SIZE	1257	19. 61	0. 830	17. 76	19. 06	19. 54	20. 10	24. 44
LEV	1257	0. 500	0. 150	0. 140	0. 390	0. 510	0. 610	0. 870
ROA	1256	0. 140	0. 0700	0. 0300	0. 0900	0. 120	0. 170	0. 380
FSHR	1258	49. 44	18. 47	12. 02	35. 50	48. 91	62. 97	95. 10
BAL	1255	1. 200	0. 880	0. 0500	0. 540	0. 980	1. 590	4. 370
SENTIMENT	1258	0. 150	0. 0500	0. 0600	0. 110	0. 130	0. 180	0. 300
BULL	1258	0. 310	0. 460	0	0	0	1	1
SOE	1258	0. 100	0. 300	0	0	0	0	1
FTIME	1258	0. 950	0. 220	0	1	1	1	1
PLACE1	1258	0. 770	0. 420	0	1	1	1	1
PLACE2	1258	0. 140	0. 340	0	0	0	0	1
MARKET1	1258	0. 380	0. 490	0	0	0	1	1

---

　　① 受行业等因素的影响，在对 INVTURN、ACRECTURN 在进行上下 1% 分位数的 winsorize 之后，二者依然存在极端值。但其并非主要的关注变量，且在对之以其他幅度进行 winsorize 处理，或者删除异常值，以及不予控制后进行回归的结果，主要关注变量的回归结果不变。

4.2.4　实证结果分析

表4.6列示了本节研究假说的检验结果。从列（1）的结果可以看出，拟 IPO 公司和发审委审计师委员关联人数（AUDNUM）对过会与否（NOPASS）的回归系数为 -0.127（Z 值为 -2.58），在 1% 的显著性水平上异于零，表明二者之间是显著为负的相关关系。列（2）的结果则显示审计师发审委员关联人数（AUDNUM）对过会与否（NOPASS）的回归系数为 -0.140（Z 值为 -2.80），在 1% 的水平上显著异零，也表明二者之间是负相关的关系。两列的结果基本是一致的，回归系数间的微小差别在于在列（2）的回归中加入了对发审委员的任期（TENURE）这一控制变量。列（1）和列（2）的结果均揭示拟 IPO 公司和发审委会计委员关联的人数越多，IPO 申请被否决的概率越低，支持了本节的研究假说。从列（2）中还可以看到，公司规模（SIZE）的回归系数为 -0.657，Z 值为 -3.11，说明公司规模越大，顺利过会的概率越高。公司业绩（ROA）同过会是否被否（NOPASS）也是显著的负相关关系，回归系数为 -5.694，Z 值为 -2.49，说明业绩越好的公司，过会的概率越高，这同我国目前 IPO 公司需要满足一定的业绩要求的现状是相符的。公司治理的指标方面，可以看到第一大股东持股（FSHR）同过会被否的概率之间是倒 "U" 形的关系，一次项的回归系数为 0.115，二次项的系数为 -0.001，两者均在 5% 的显著性水平上异于零。这和公司代理问题的严重程度随着股权集中度的上升，存在先上升后下降的假说是符合的（Gul 等，2010），公司代理问题越严重，公司过会的概率越低。而股权制衡度越高，公司过会被否的概率是显著为正的关系，回归系数为 0.749，Z 值为 2.59，可能的原因在于上市公司通常都有实际控制人，股权制衡度越高，说明股权越分散，公司可能的第二类代理问题越严重。从财务特征指标和治理指标的回归结果看，整体上发审委员还是对拟 IPO 的公司进行了一定的筛选的，公司状况越好，治理问题越少，过会的概率越高。可见发审委还是挑选了优质的公司来进行 IPO，对投资者而言是具有一定的保护功能的。回归的结果还显示 IPO 公司过会的概率事实上还受到资本市场整体环境的影响，当市场处于牛市，投资者情绪高涨时，公司过会的概率越高，这同公司 IPO 的择时理论是符合的，只是此处的择时是发审委的择时。

表 4.6　　　　　　　　发审委员间接关联和 IPO 被否概率的关系

变量	(1) NOPASS	(2) NOPASS
AUDNUM	−0. 127 *** (−2. 58)	−0. 140 *** (−2. 80)
TENURE		−0. 569 *** (−2. 79)
BIGUNDR	0. 164 (0. 86)	0. 196 (1. 01)
BIG10	0. 137 (0. 75)	0. 119 (0. 65)
GROWTH	−0. 196 (−0. 56)	−0. 228 (−0. 64)
TUNNEL	1. 520 (0. 78)	1. 850 (0. 95)
INVTURN	−0. 001 (−0. 30)	−0. 002 (−0. 42)
ACRECTURN	0. 003 ** (2. 13)	0. 003 ** (2. 19)
AGENCY	1. 485 (1. 21)	1. 635 (1. 33)
TACC	2. 843 * (1. 77)	2. 622 (1. 64)
MARGIN	0. 058 (0. 08)	0. 109 (0. 14)
SIZE	−0. 664 *** (−3. 17)	−0. 657 *** (−3. 11)
LEV	0. 730 (0. 71)	0. 668 (0. 66)

续表

变量	（1） NOPASS	（2） NOPASS
ROA	−5.436 ** （−2.37）	−5.694 ** （−2.49）
FSHR	0.117 *** （2.73）	0.115 *** （2.63）
FSHR2	−0.001 *** （−2.65）	−0.001 ** （−2.52）
BAL	0.751 *** （2.64）	0.749 *** （2.59）
SENTIMENT	13.448 *** （3.16）	14.602 *** （3.48）
BULL	−0.606 * （−1.93）	−0.730 ** （−2.29）
SOE	0.024 （0.07）	0.036 （0.11）
FTIME	0.414 （1.05）	0.405 （1.03）
PLACE1	−0.258 （−0.84）	−0.237 （−0.76）
PLACE2	0.068 （0.20）	0.093 （0.27）
MARKET1	−0.534 ** （−2.04）	−0.510 * （−1.94）
年份和行业	控制	控制
_cons	5.255 （1.06）	5.112 （1.04）
N	1131	1131
chi2	95.09 ***	100.40 ***
r2_p	0.091	0.098

注：* $p<0.1$，** $p<0.05$，*** $p<0.01$。

　　表 4.7 和表 4.8 是区分发审委员回报的信息支持或直接关照之"李子"，而对研究假说所做进一步检验的结果。表 4.7 是对关联的发审委员是否直接在发审会环节对关联的拟 IPO 公司予以直接"关照"进行检验的结果。可以看到，表 4.7 的结果同表 4.6 差别不明显。列（1）和列（2）分别是是否控制了发审委员届次的情况下的回归结果，两者的结果也基本一致。而从表 4.7 的列（2）的结果可以看到，公司关联委员人数（IECAUD）的回归系数为 -0.233，Z 值为 -2.10，在 5% 的显著性水平上显著异于零，表明出席公司发审会的关联委员越多，公司 IPO 被否的概率越低，的确存在关联发审委员直接在发审会环节对拟 IPO 公司予以"关照"的情形。

表 4.7　　　　　　　　关联发审委员参加发审会和过会概率

变量	(1) NOPASS	(2) NOPASS
IECAUD	-0.210 * (-1.92)	-0.233 ** (-2.10)
TENURE		-0.554 *** (-2.74)
BIGUNDR	0.062 (0.34)	0.080 (0.44)
BIG10	0.126 (0.69)	0.110 (0.60)
GROWTH	-0.176 (-0.50)	-0.203 (-0.57)
TUNNEL	1.466 (0.75)	1.764 (0.91)
INVTURN	-0.001 (-0.26)	-0.002 (-0.37)
ACRECTURN	0.003 ** (2.06)	0.003 ** (2.12)
AGENCY	1.438 (1.17)	1.577 (1.29)
TACC	2.855 * (1.77)	2.645 * (1.65)
MARGIN	0.124 (0.16)	0.183 (0.23)

续表

变量	（1） NOPASS	（2） NOPASS
SIZE	− 0. 657 *** （ − 3. 15）	− 0. 652 *** （ − 3. 09）
LEV	0. 780 （0. 77）	0. 741 （0. 74）
ROA	− 5. 466 ** （ − 2. 42）	− 5. 723 ** （ − 2. 55）
FSHR	0. 112 *** （2. 60）	0. 110 ** （2. 49）
FSHR2	− 0. 001 ** （ − 2. 54）	− 0. 001 ** （ − 2. 40）
BAL	0. 731 ** （2. 54）	0. 726 ** （2. 47）
SENTIMENT	12. 871 *** （3. 02）	13. 988 *** （3. 32）
BULL	− 0. 583 * （ − 1. 85）	− 0. 704 ** （ − 2. 19）
SOE	0. 031 （0. 09）	0. 043 （0. 13）
FTIME	0. 436 （1. 11）	0. 431 （1. 09）
PLACE1	− 0. 260 （ − 0. 86）	− 0. 242 （ − 0. 80）
PLACE2	0. 061 （0. 18）	0. 086 （0. 25）
MARKET1	− 0. 652 ** （ − 2. 53）	− 0. 642 ** （ − 2. 48）
年份和行业	控制	控制
_cons	5. 415 （1. 09）	5. 351 （1. 09）
N	1131	1131
chi2	93. 70 ***	98. 32 ***
r2_p	0. 088	0. 096

注： $* p < 0.1$ ， $** p < 0.05$ ， $*** p < 0.01$ 。

表 4.8　　　　　　　　关联发审委员不参加发审会和过会概率

变量	（1） NOPASS	（2） NOPASS
AUDNUM	-0.022 (-0.20)	-0.029 (-0.26)
TENURE		-0.546 ** (-2.06)
BIGUNDR	-0.351 (-1.24)	-0.341 (-1.20)
BIG10	0.111 (0.43)	0.084 (0.33)
GROWTH	-0.123 (-0.26)	-0.189 (-0.40)
TUNNEL	2.034 (0.65)	2.610 (0.84)
INVTURN	-0.002 (-0.28)	-0.002 (-0.31)
ACRECTURN	0.005 *** (2.66)	0.005 *** (3.01)
AGENCY	3.034 * (1.92)	3.204 ** (2.03)
TACC	5.576 ** (2.25)	5.454 ** (2.23)
MARGIN	-0.786 (-0.73)	-0.843 (-0.78)
SIZE	-0.915 *** (-2.85)	-0.909 *** (-2.81)
LEV	0.502 (0.36)	0.204 (0.15)
ROA	-6.644 ** (-2.02)	-7.227 ** (-2.20)

变量	（1） NOPASS	（2） NOPASS
FSHR	0. 042 （0. 90）	0. 040 （0. 86）
FSHR2	− 0. 000 （ − 1. 16）	− 0. 000 （ − 1. 09）
BAL	0. 078 （0. 26）	0. 094 （0. 31）
SENTIMENT	15. 966 *** （3. 02）	16. 704 *** （3. 21）
BULL	− 0. 529 （ − 1. 32）	− 0. 644 （ − 1. 59）
SOE	0. 268 （0. 60）	0. 276 （0. 62）
FTIME	0. 308 （0. 60）	0. 293 （0. 55）
PLACE1	− 0. 544 （ − 1. 38）	− 0. 504 （ − 1. 25）
PLACE2	− 0. 689 （ − 1. 49）	− 0. 660 （ − 1. 41）
MARKET1	− 0. 906 ** （ − 2. 39）	− 0. 838 ** （ − 2. 22）
年份和行业	控制	控制
_cons	16. 864 ** （2. 36）	17. 765 ** （2. 41）
N	628	628
chi2	78. 20 ***	84. 09 ***
r2_p	0. 141	0. 148

注: $*p<0.1$, $**p<0.05$, $***p<0.01$。

表 4.8 的列（1）和列（2）是对关联的发审委员没有出席拟 IPO 公司的发审会的子样本进行回归的结果，列（2）的结果显示虽然关联的发审委员人数同过会概率之间的回归系数为 -0.029，但 Z 值为 -0.26，其值并不显著异于零，说明当关联的发审委员没有出席拟 IPO 公司的发审会时，关联发审委员人数的多少，并不能影响公司过会的概率。经验证据没有支持发行审核的相关信息是关联发审委员回报的"李"的猜想。还需要指出的是，此时主要财务指标的回归系数的显著性都有所提高，特别是表征会计盈余质量的应计总额（TACC）、代理成本等（AGENCY），说明对于没有关联的公司群体而言，财务特征对公司过会与否可能存在更重要的影响。其他主要控制变量的回归结果同表 4.6 的结果基本一致。

综合表 4.7 和表 4.8 的实证结果，可以发现关联发审委员的"报李"，更多地可能是通过关联的发审委员在发审会环节对拟 IPO 公司进行"关照"，而非通过提供发行审核的相关信息来实现的。这一个结果和发审委员只有在任时，事务所的 IPO 业务才有显著的提高，一旦发审委员离职或离任后，相关的业务就会迅速下降的现象[①]是契合的。

4.2.5　稳健性检验

前文对发审委员关联和拟 IPO 公司过会概率进行检验时，对关联发审委员的界定是直接从拟 IPO 公司的承销商的角度来度量的，如果发审委员来源的事务所就是为上会的拟 IPO 公司提供审计服务的发审委员，即发审委员和拟 IPO 公司之间存在直接关联，显然也满足关联发审委员的定义。为控制此种偏误对实证结果的影响，特选择那些不存在直接关联的子样本进行检验，在这些子样本中，拟 IPO 公司聘请的会计师事务所在发审委中没有关联委员，也即在发审委员中并没有源自该事务所的发审委员（CPAIN =0）。具体的检验结果参见表 4.9 的列（1），同表 4.6 的结果是一致的。同样地，运用去掉了存在直接关联关系的样本，也对参与发审会的发审委员的关联是否影响公司过会的概率进行了检验。结果见表 4.9 的列（2），结果同表 4.7 中列（2）的结果也基本是一致的。

---

① 陈旭，薄冬梅. 中介机构和它的发审委委员［N］. 经济观察报，2013 -06 -07.

表 4.9   非直接关联子样本的检验结构

变量	(1) NOPASS	(2) NOPASS
AUDNUM	−0.121 ** (−2.14)	
IECAUD		−0.277 ** (−2.19)
TENURE	−0.664 *** (−2.93)	−0.648 *** (−2.87)
BIGUNDR	0.303 (1.42)	0.230 (1.12)
BIG10	−0.026 (−0.12)	−0.005 (−0.02)
GROWTH	−0.213 (−0.57)	−0.201 (−0.54)
TUNNEL	0.864 (0.37)	0.921 (0.40)
INVTURN	−0.003 (−0.67)	−0.004 (−0.74)
ACRECTURN	0.003 ** (2.12)	0.003 ** (2.12)
AGENCY	2.249 (1.62)	2.133 (1.55)
TACC	1.696 (0.93)	1.835 (1.01)
MARGIN	0.062 (0.07)	0.173 (0.19)
SIZE	−0.751 *** (−3.00)	−0.757 *** (−3.03)
LEV	0.053 (0.05)	0.212 (0.19)

续表

变量	(1) NOPASS	(2) NOPASS
ROA	−6.594 ** (−2.52)	−6.653 *** (−2.59)
FSHR	0.130 ** (2.45)	0.127 ** (2.33)
FSHR2	−0.001 ** (−2.18)	−0.001 ** (−2.08)
BAL	1.036 *** (2.86)	1.032 *** (2.77)
SENTIMENT	14.240 *** (3.07)	14.160 *** (3.06)
BULL	−0.713 ** (−2.02)	−0.705 ** (−1.99)
SOE	0.169 (0.43)	0.163 (0.42)
FTIME	0.589 (1.14)	0.622 (1.19)
PLACE1	−0.296 (−0.85)	−0.287 (−0.84)
PLACE2	−0.208 (−0.53)	−0.199 (−0.51)
MARKET1	−0.453 (−1.53)	−0.531 * (−1.82)
年份和行业	控制	控制
_cons	6.759 (1.15)	7.314 (1.23)
N	881	881
chi2	88.50 ***	88.04 ***
r2_p	0.109	0.110

注：$* p < 0.1$，$** p < 0.05$，$*** p < 0.01$。

另外，除审计业务外，还考虑了通过拟 IPO 公司的法律业务而间接关联的发审委员对公司过会概率的影响，结果同审计事务关联的发审委员类似，但却缺乏统计意义上的显著性。限于篇幅，不在此列出，说明审计业务是更被看重的寻租标的，这和已有主要文献的研究结果（赖兴娟和杜兴强，2012；杜兴强等，2013；Yang，2013；陈运森等，2014）是契合的，也支持了证监会近期在发审委换届时降低会计师比重的行为。①

4.2.6 本节结论

本节研究了拟 IPO 的公司有否借助同发审委员间的承销商关联关系来提升申请获得成功的概率。研究发现，拟 IPO 公司的承销商和关联发审委员间存在"投桃报李"的行为。具体而言，负责拟 IPO 公司承销事务的承销商作为拟 IPO 公司和发审委员之间的"中介"，借由承销的其他拟 IPO 公司的审计业务同发审委员之间构建了关联关系，进而这些关联的发审委员帮助拟 IPO 公司提高了过会的概率。进一步的检验发现，只有这些关联的发审委员参加公司的发审会时才能发挥作用。这一研究结果表明，现行的发审委制度虽然限制了参会的发审委员和拟 IPO 公司之间的"直接关联"，但对拟 IPO 公司借由自身的承销商同发审委员的间接关联并未限制。如此一来，IPO 发行审核过程中"寻租"仍有实现的途径。

4.3 发审委员的问责和"从严"审核

正是由于弃真需要足够的信息来支持，需要花费许多时间、精力以及资金等，而纳伪仅仅不作为即可，而且建立在初审等活动基础上的纳伪又易于推卸责任，主观上的纳伪还可收获"租金"，发审委员天然具有选择相对宽松的标准，将更多的公司认定为高质量公司的倾向。

为促使发审委员更尽职尽责地工作，降低发审委员的道德风险，对其行为进行监督和考核自然成为不可或缺的选择。监督和考核一方面可以获取更多关于发审委员行为的信息；另一方面也便于通过结果导向来（负向）激励。

---

① 谭楚丹. 怎样选发审委：为什么砍掉二分之一律师会计师［N］. 理财周报，2014－08－04.

2003 年对发审委制度进行的重大改革中引入了问责制，将参与发审会的发审委员的身份公开，并实施记名投票等措施都是为此所做的努力。但尽管如此，由于前文已经提及的原因，对发审委员进行公开"问责"的可行性不高，那么证监会有否从其他方面对发审委员进行"问责"呢？如若没有，发审委制度将很可能会流于形式。

从前文的研究可以发现，发审委员的委员身份是 IPO 寻租活动得以实现的最为重要的载体，发审委员拥有该身份的时间越长，寻租的机会也越多。而在发审委员制度运行的 20 多年里，基本没有主动离职的发审委员，委员们对这一身份的认可程度可见一斑。考虑到证监会对于是否给予委员的身份、以及给予的时间长度拥有决定权，证监会完全可以借此来约束发审委员的行为。

4.3.1　相关制度背景

依据相关规定，目前证券发行审核委员会实施聘任制，成员由证监会的专业人员和会外的有关专家组成。发审委员接受中国证监会的聘任，每届任期一年，可以连任，但连续任期最长不超过 3 届。当证监会认定发审委员不适合继续任职时，证监会可以对之予以解聘，而且不受任期是否届满的限制。[①]

发审委员的换届，虽然尚无公开的行政文件可寻，但依据已有的公开信息和媒体报道，大致需要经历以下几个环节：首先，临近换届前，证监会会确定留任和更换的发审委员名单，提出换届方案[②]，换届方案并不向社会公开征求意见，也不对之予以公示。证监会可能会出于"发行审核工作的稳定性和连续性"的考虑，对整个发审委员群体进行部分更换，而续聘一部分在任委员，如创业板第 3 届、第 4 届，主板第 13 届和第 14 届发审委员的换届都是如此。证监会有时也可能出于"保证每届发审委的公正性和公信力"的考虑，对主要外部委员进行全部更换，如主板的 10 届、第 12 届等。更多的时候，证监会并不向外披露全体换届还是部分换届的原因。除确定拟更换和留任的发审委员名单外，换届方案还包括证监会对拟新聘的发审委员来源的设定，如源自会计师事务所合伙人的人数，新聘律师事务所合伙人、资产评估师事务所合伙人的人

---

① 证监会，中国证券监督管理委员会发行审核委员会办法，中国证券监督管理委员会令第 31 号，2006 – 05 – 09.

② 中国证券监督管理委员会，中国证监会第三届创业板发审委员候选人公示情况说明，2011 – 07 – 16.

数等。

在换届方案确定后，证监会向注册会计师协会、中华律师协会和中国资产评估协会等行业协会征集新一届发审委成员的候选人。各社会组织团体通常按照1:3的比例推荐候选人，而候选人任职的事务所需要在证券业务中居于前列，如会计师合伙人需来自注册会计师协会评估的综合评价前100家的事务所。行业专家等特殊兼职委员，则通常由科技部推荐。

候选人确定后，由证监会向社会公示7天。在这期间，公众如果存疑，可以向证监会反映情况。公示结束后，证监会进一步考察候选委员的执业情况，并向财政部、司法部函证意见。汇总这些信息后，证监会发审委提名委员会对候选人进行资格审查，并将拟聘请的初步人选报证监会主席办公会[①]。证监会"根据《证券法》和《中国证券监督管理委员会发行审核委员会办法》的规定，经中国证券监督管理委员会主席办公会议审议，确认新一届当选的发审委员名单。最后召开发审委成立大会，并对新一届发审委员成员名单等予以公告。图4.3列示了发审委换届选拔的主要环节。从这个过程中可以看到，证监会的换届方案全面指引了新一届发审委的组成和成立，是换届过程中的首要环节。

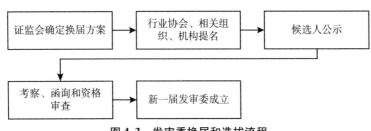

图4.3 发审委换届和选拔流程

创业板发审委的换届通常在每年的7月开始，在8月底完成，而主板（包括中小板）发审委的换届则在4月底或5月初完成。表4.10列举了各届发审委员的任期情况。对于第一届的创业板发审委员，所有的35名发审委员均是自己第一个创业板发审委员任期。第二届创业板发审委员换届时，第一届的35名发审委员均得以留任，故可以看到第二届创业板的发审委员全部是连任了两届的发审委员。而第三届的创业板发审委在第二届的基础上更换了50%

---

① 中国证券监督管理委员会，中国证监会第三届创业板发审委委员候选人公示情况说明，2011 – 07 – 16.

左右的委员，留任了 17 名第二届的发审委员，新选聘了 18 名委员①，该情形在表 4.10 中体现为在第三届的创业板发审委，有 18 名委员为自己的首任聘期，而有 17 名委员为自身的第 3 个聘期。从表 4.10 中还可看出，换届方案并不固定，没有明显的规律。

表 4.10　　　　　　　　　　　发审委各届成员任职情况

板块	届次	总人数	首次担任	连任两届	连任三届
创业板	1	35	35	0	0
创业板	2	35	0	35	0
创业板	3	35	18	0	17
创业板	4	35	22	13	0
创业板	5	35	2	22	11
主板	8	25	0	16	9
主板	9	25	25	0	0
主板	10	25	20	5	0
主板	11	25	0	20	5
主板	12	25	25	0	0
主板	13	25	12	13	0
主板	14	25	14	10	1
主板	15	25	1	14	10

表 4.11 列出了创业板和主板不同来源的发审委员的任期情况。从创业板发审委员的任期可以看出，只有会计师事务所和律师事务所来源的发审委员存在只任职一期的情况。而主板发审委员中，无论是来自会计师事务所的发审委员还是来自证监会的发审委员，都存在只任职一期的情况。另外一个值得关注的现象是来自深交所和上交所的发审委员不存在连续任职 3 期的情况，交易所委派的发审委员通常在两年会例行更换②，只有主板第 9 届的两名交易所委派的发审委员例外。

———————————

① 中国证监会，中国证监会第三届创业板发审委委员候选人公示情况说明，2011 - 07 - 15.

② 中国证监会，中国证监会第五届创业板发审委成立，2013 - 08 - 30，http：//www. csrc. gov. cn/pub/newsite/zjhxwfb/xwdd/201308/t20130830_233360. html.

表 4.11   发审委员职业和任期

板块	来源	任职 1 年	连任 2 年	连任 3 年
创业板	会计师事务所	2	18	22
创业板	基金	0	0	6
创业板	技术	0	2	13
创业板	交易所	0	6	0
创业板	律师事务所	3	10	5
创业板	政府	0	0	6
创业板	证监会	0	0	9
创业板	资评	0	2	1
主板	会计师事务所	13	28	9
主板	基金	6	7	0
主板	交易所	2	10	0
主板	律师事务所	7	21	2
主板	政府	2	0	10
主板	证监会	1	6	13
主板	资评	1	4	0
主板	其他	2	4	2

表 4.12 分别统计了创业板和主板发审委员的任期。可以看到创业板发审委员的平均任期要长于主板发审委员，有接近 60% 的发审委员连任了 3 届，而只有 24% 的主板发审委员连任了 3 届，大多数主板发审委员只连任了 2 年，另外有 22.67% 的主板发审委员只担任了一届的发审委员，远高于创业板约为 5% 的比例。可能的原因在于创业板设立时间还比较短，发审委的工作还处于经验积累阶段。

表 4.12   创业板和主板发审委员任期统计

板块	连任次数	人数	占比（%）
创业板	1	5	4.76
创业板	2	38	36.19
创业板	3	62	59.05

板块	连任次数	人数	占比（%）
主板	1	34	22.67
主板	2	80	53.33
主板	3	36	24.00

4.3.2　研究假说

（1）轶闻证据：新大地事件

广东新大地生物科技股份有限公司（简称新大地）成立于 2004 年 6 月 11 日，"是一家致力于油茶产业化的现代农业企业，主营业务为良种油茶苗的培育与推广及油茶精深加工系列产品的研发、生产和销售。"① 2012 年 4 月 12 日披露了在创业板首发的招股说明书，2012 年 5 月 14 日，创业板发行监管部在证监会网站上公告了发审会参会的 7 名委员："孔翔、孙小波、李文祥、李建辉、陈静茹、龚牧龙、谭红旭"。最终该公司在 2012 年 5 月 18 日的第 36 次创业板发审会上顺利过会。依据媒体公开的信息，尽管预审人员在初审报告中已经进行了风险提示②，与会的七名委员中，只有孔翔一人投了反对票，其他人都投了赞成票③。

2012 年 5 月 24 日，《理财周刊》发表了题为《新大地 IPO：诸多顽症困扰发展前景堪忧》的报道，对该公司存在的 IPO 股改中关联股东低价入股、家族式经营管理、市场占有率下降，盈利的税收优惠依赖等情况表示了担忧，引发了社会的广泛关注。随着媒体接到举报信④，2012 年 6 月 28 日，记者张冬晴等在实地调查后，在《每日经济新闻》发表署名报道《新大地涉嫌造假上市，创业板首例》，详述了可能存在的大量与招股书中表述不符的事实，就 IPO 公司虚构业务，包装业绩等问题表达了担忧。同年 7 月，新大地及其保荐机构南京证券向证监会提交了终止发行上市申请。2012 年 8 月 28 日，证监会对之进行立案。在 2013 年 5 月 31 日的证监会例行的新闻发布会上，证监会通

---

① 中国证监会，广东新大地生物科技股份有限公司创业板首发招股说明书（申报稿），http://www.csrc.gov.cn/pub/zjhpublic/cyb/cybypl/201204/t20120412_208511.htm，2012-04-12.

② 蔡俊. 独家追问发审委：为什么 IPO 问题公司那么多［N］.理财周报，2013-08-12.

③ 蔡俊. IPO 空窗期：发审委 21 委员任期或无一项目可审［N］.理财周报，2013-08-05.

④ 张冬晴. 新大地涉嫌造假上市：创业板首例［N］.每日财经新闻，2012-06-28.

报了新大地"通过资金循环、虚构销售业务、虚构固定资产等手段"① 虚增利润的事实，并对公司的相关负责人、保荐机构和保荐人、涉事的会计师事务所和律师事务所等中介机构进行了行政处罚。

"新大地事件"对新股的发行审核也产生了影响，证监会为此一度暂停了创业板的 IPO 审核，梳理审核工作中的失误，准备"问责负责新大地项目的预审员和发审委员"②。并发布了《关于进一步提高首次公开发行股票公司财务信息披露质量有关问题的意见》（14 号公告）③ 来强调财务信息的重要性。

2012 年 7 月 31 日，证监会公告了创业板第四届发审委员候选人的名单，包括 15 名会计师候选人和 15 名律师候选人④，并于 2012 年 8 月 23 日公告了最终的人选，参与新大地 IPO 审核的七名发审委员中，仅有孔翔得以连任，其余的几名委员都没有继任新一届的发审委员。在被替换的 6 名委员中，孙小波、李文祥两人已经连任 3 届，受限于发审委员最多连任 3 届的规定，为到期自然更换。但李建辉、陈静茹、龚牧龙、谭红旭等其他 4 名委员均为第 3 届新当选的发审委员。从公告的信息来看，谭红旭来自会计师事务所，而龚牧龙、李建辉和陈静茹则来自律师事务所⑤。第四届创业板发审委员的换届，一共更换了 22 名发审委员，其中有 17 名委员为已经连任 3 届，需要依规定例行更换，另外被更换的 5 名委员中，均是新当选的第三届创业板发审委员，这其中有 4 名参与了新大地公司的发审会，且均投了赞成票。

表 4.13 列出了新大地公司发审会的与会委员的相关情况，其中第 2 列为发审委员所在的发审委的届次，第 3 列为当时该发审委员所处的自身第几个聘期，而第 4 列则为该名发审委员的最长任期。

---

① 证监会，证监会通报新大地、天能科技及相关中介机构涉嫌违法违规案件情况和华锐风电立案情况，2013 – 5 – 31.

② 钱文俊．证监会反思新大地事件 创业板审核空窗一周［N］. 理财周报，2012 – 7 – 16.

③ 中国证券监督管理委员会，关于进一步提高首次公开发行股票公司财务信息披露质量有关问题的意见（14 号公告），2012 – 5 – 23.

④ 中国证券监督管理委员会，关于公示中国证券监督管理委员会第四届创业板发行审核委员会委员候选人名单的公告，2012 – 7 – 31.

⑤ 证监会，关于公示中国证券监督管理委员会第三届创业板发行审核委员会委员候选人名单的公告，2011 – 7 – 15.

表 4.13　　　　　　　　　　　新大地公司发审会与会委员一览表

姓名	届次	时任届次	最长任期	职业	投票
李文祥	3	3	3	审计师	赞成
孙小波	3	3	3	审计师	赞成
陈静茹	3	1	1	律师	赞成
谭红旭	3	1	1	审计师	赞成
李建辉	3	1	1	律师	赞成
孔翔	3	1	2	交易所	反对
龚牧龙	3	1	1	律师	赞成

（2）研究假说的提出

　　证监会有否考核发审委员，考核的效果如何对于分析发审委制度的有效性自然显得尤为重要。但由于公开信息的不足，对发审委制度的研究较少。现有的相关研究，基本可以分为两类。一类研究者认为发审委员的身份，无论对于发审委员还是发审委员原先任职的事务所而言，都是重要的无形资产。为了保护该无形资产不受损害，维护自身声誉，事务所和发审委会提供高质量的专业服务（陈辉发等，2012），他们服务的公司盈余管理的程度更小（谭劲松等，2013）。但另一类即更多的研究则认为发审委员利用自身发审委员的身份"寻租"，拟 IPO 的公司通过同发审委员构建关联关系来帮助自身顺利通过发审会，这些关联的公司上市后的市场表现不尽如人意（李敏才和刘峰，2012；赖兴娟和杜兴强，2012；杜兴强等，2013；Yang，2013；陈运森等，2014）。前述研究都认同发审委员的身份是一项重要的无形资产，差别在于对于此项无形资产，当事人会对之予以保护还是将之迅速"变现"，这在很大程度上将取决于发审委员对于"发审委员"身份有效期的估计和判断。发审委的换届选拔无疑对之有着决定性的影响，但学术界对之尚无相关的研究。

　　证监会对发审委员的考核一直都很重视。在 2003 年的发审委制度改革过程中，在延续了对存在"违反法律、行政法规、规章和发行审核工作纪律的、未按照中国证监会的有关规定勤勉尽职的"等情形的发审委员予以解聘的规定外，强调了证监会对发审委进行随时调整的权力[①]："发审委委员的解聘不受

---

① 证监会，中国证券监督管理委员会股票发行审核委员会暂行办法，中国证券监督管理委员会令第 16 号，2003－12－05.

任期是否届满的限制。发审委委员解聘后，中国证监会应及时选聘新的发审委委员"。同时还引入了发审委员问责制，并在后续的发审委制度改革中对此进行了强化。如果一名发审委员不能予恰当地履行职责，证监会可以"以谈话提醒、批评、解聘等处理；涉嫌犯罪的，依法移交司法机关处理"，而且"对发审委委员的批评可以在新闻媒体上公开"[1]。但另一方面，由于发审会只是 IPO 审核的最后一个重要环节等前文已经提及的原因，使得"问责"难以真正"落地"。因而发审委员通常都在任期届满时才选择离职，证监会对发审委员的过失进行追责，公开谴责和处罚发审委员非常少见[2]。

尽管如此，但并不能因此就得出证监会对发审委存在监管缺失的结论。除了前述这些公开的处罚办法外，证监会仍然可以有更多其他非公开方式来惩罚表现不佳的发审委。虽然公开的信息较少，具体的细节过程无法得知，但借鉴对政府官员考核的相关研究，依然可以对之做出一些尝试。对政府官员的考核和升迁，虽然备受关注，但同样也备受考核指标、评估标准等公开信息不足的困扰。陈等（Chen et al., 2005）运用我国省级干部升迁的公开数据，分析发现中央政府在考核官员时，会运用相对业绩评价，参考这些官员的前任官员的业绩表现，经济发展是其中的重要考核指标。杨瑞龙等（2013）发现对于央企领导层的变更和升迁，业绩也依然是重要的影响因素。如果证监会对发审委员存在实质意义上的考核，那么很可能将发审委员的续聘决定同发审委员的审核表现（业绩）关联起来。虽然关于更换和遴选过程的更多细节并未公开，但从"新大地事件"后的第四届创业板发审委的换届情况来看，在涉及"新大地事件"的 7 名发审委员中，仅有投反对票的孔翔得以留任，而其他投赞成票的委员，特别是本来具有继任可能的陈静茹、龚牧龙、谭红旭三位委员都未能继任第四届创业板发审委员，表明证监会在确定换届方案时，可能会基于发审委员以往的工作表现来决定是否留任现任的发审委员。对于未能较好地履行职责的发审委员则不再予以续聘。续聘与否可能是证监会可以直接采用的非公开问责的手段之一。

那么证监会究竟如何来衡量发审委员的审核业绩呢？由于 IPO 审核的复杂

---

① 证监会，中国证券监督管理委员会发行审核委员会办法，中国证券监督管理委员会令第 31 号，2006 – 05 – 09.

② 在《创业板发审委大面积换血，问题公司审核组 80% 被撤》的报道中就提到，"两位负责审核的会计师责无旁贷。不过，目前两位会计师均已离任，被问责的可能性已经不大了"。参看《创业板发审委大面积换血，问题公司审核组 80% 被撤》，钱文俊，2012 – 09 – 03.

性，衡量发审委员的尽职情况却颇有难度。具体而言，发审委员可能会犯两类错误：一类错误是"弃真"，即否决掉本来符合要求的公司；而另一类错误是"纳伪"，即让本来不符合条件的公司成功过会。"弃真"往往是因为发审委员对于过会的标准设立过于严格，对通过 IPO 申请过于谨慎，但一旦公司未能过会，终止审核，将无法知晓公司如若成功过会后在资本市场上的表现和可能为投资者带来的回报。无论是证监会还是社会大众对于此类错误都将缺乏足够的信息来判断，因而此类错误很难监管和考核。而对于"纳伪"类错误，一旦公司成功过会，而一些理当是发审委员们知晓和考量的问题，却通过检举、媒体公开等形式在发审会后爆发出来，或者因为 IPO 之前就存在的问题，导致 IPO 之后在资本市场上的表现不尽如人意。那么将可以认为参与审核的发审委员犯了"纳伪"的错误。如果此类情形比较多，则可以说明该发审委员没有很好地履行自己的职责。

　　证监会在汇总整理 IPO 公司披露、公众检举和自身调查搜集等多方获得的信息后，比照发审委员在发审会上的会议记录和投票结果，将可以综合评估发审委员审核的质量，据此来决定是否予以续聘。一个发审委员的聘期如若达到了制度规定的最长年限，说明证监会对该发审委员过往的审核是基本满意的；反之，如果一名发审委员的聘期明显短于平均水平，则有较大的概率表明证监会对该发审委员的过往审核表现不够满意，属于被提前"撤换"的发审委员[①]。如果在某届的发审委中，未能尽责的发审委员比例较高，甚至可在换届时全部被"撤换"。因此，如果证监会对发审委员施以考核，并以是否续聘来奖惩发审委员，那么发审委员的任期越短，该发审委员不称职的概率也越高。

　　上市公司的业绩"变脸"现象一直都备受投资者和监管层关注[②]。除了某些不可抗力外，业绩"变脸"的公司大都是因为前期存在明显的盈余管理行为（Shivakumar，2000；张子炜等，2012），后来因为应计反转（accrual reverse）而导致当期利润大幅下滑（Guay et al.，1996），往往为投资者带来重大损失。IPO 公司也不例外，公司成功 IPO 后业绩迅速发生大幅度下滑，通常会被认为在 IPO 前进行了过多的"包装"是最主要的因素。业绩"变脸"也

① 此类"撤换"并不是真实意义上的撤换，仅指虽然符合继续聘用的基本条件，但却未能被续聘为新一届的发审委员。
② 中国证监会，主承销商执业质量考核暂行办法，2002 - 09 - 13，"所推荐公司发行（上市）当年的主营业务利润比上年同期下滑 50% 以上的，每发生一次记 6 分；出现亏损的，每发生一次记 12 分。发行（上市）次年下滑 50% 以上的，每发生一次记 2 分；出现亏损的，每发生一次记 5 分。"

是证监会衡量承销商执业质量最重要的指标之一（徐浩萍，罗炜，2007）。发审委员的工作内容虽然不同于承销商，但谨防过会的公司业绩"变脸"依然是证监会对于发审委员工作的重要期待。尽管证监会并不对外公布每位发审委员考核的细节（如果存在的话），而且也不公开发审委员对于上会公司的个人投票情况，也就无从获知这些发审委员未被续聘的真正原因，甚至也无法排除被审核的公司发生了业绩"变脸"，某一发审委员因投了反对票反而释放出高质量审核信号的可能性。但考虑到一家公司的成功过会需要至少 5 名发审委员的一致同意，当一家公司在 IPO 之后业绩发生"变脸"时，则说明至少有 5 名发审委员犯了"纳伪"的错误。

如果考核指标中包含了业绩"变脸"这一项，那么任何一家 IPO 公司的业绩"变脸"都将与至少 5 名委员被提前"撤换"的可能性联系在一起。即使证监会的考核体系中没有包括这一指标，但证监会确实对发审委员进行了考核，而且能够区分出发审委员审核的质量，并用以作为在换届时是否撤换的参考，业绩"变脸"的公司也将有更大的概率是经由这些"低质量"的发审委员放行。无论是前述哪种情况，都将观察到与会的 7 名发审委员中，提前被"撤换"的发审委员人数和公司业绩"变脸"的概率之间呈现出正相关的关系。为此，可提出以下的研究假说 4.2：

H4.2：与会的发审委员中，提前被撤换的发审委员人数越多，公司发生业绩变脸的概率越高。

业绩变脸的原因纷繁复杂，可能是由于宏观经济形势等非主观因素的影响，也可能是一些偶然性事件，如食品企业突然遭遇的食品安全危机等。但也有很大可能是源于上市前的业绩存在较大"水分"，被过度包装了。源自会计师事务所的发审委员（以下简称审计师发审委员）长期在审计工作的一线[1]，相比较其他的发审委员，具有相当丰富的实际经验和行业专长。如果审核的公司通过盈余管理等手段推高了上市前的业绩，审计师发审委员知晓和发现的概率应该会高于其他的发审委员。审计师发审委员如若严格执行标准，理应能够通过对此类公司投出反对票，更好地规避审核的公司发生业绩变脸的风险。如此，业绩变脸的公司更可能是由非审计的发审委员放行的，这样 7 名与会发审委员中，被提前撤换的审计师发审委员人数同公司上市后业绩变脸的概率可能不相关。但如若实际情况是审计师发审委员不作为的情形，这些审计师发审委

---

[1] 成为发审委员候选人的条件之一就是"签字特别是近 6 年签字的上市公司和拟上市公司（已受理）相关证券业务不少于 8 家"。

员在明明知晓公司过度包装的情况下，却依然投出赞成票，为此类公司的 IPO "放行"。此种情形下，如果公司的业绩变脸，作为知情者的审计师发审委员有更充分的理由被撤换。如此则审计师发审委员的撤换同被审核公司业绩变脸概率之间将是正相关的关系，相比其他的发审委员，二者之间的联系甚至更紧密。前述两种情形都有可能存在，也无法猜测哪种情形居于主导，故在此提出待验的研究假说 3：

H4.3：与会的发审委员中，提前被"撤换"的审计师发审委员越多，公司发生业绩"变脸"的概率越高。

需要指出的是，由于无从知晓证监会实际的考核指标体系，前述假说仅检验业绩变脸同撤换的委员人数之间的相关关系，而非因果关系。如果前述假说成立，则表明证监会知晓发审委员审核的质量，并对审核质量较差的发审委员进行了撤换。为了继续保有自身的委员身份，发审委员需要考虑自身审核的质量。

4.3.3　研究设计和样本

本书主要运用式（4-7）的 LOGIT 回归来对 H4.2 进行检验。如果 H2 成立，将会看到被撤换的发审委员数（DISMISS）对业绩变脸（PERFORM）的回归系数显著为正，7 名与会的发审委员中，被撤换的委员数越多，公司上市当年的业绩下滑，发生"变脸"的概率越高。

$$PERFORM = a + b_1 DISMISS + b_2 DURING + b_3 BIGUNDR + b_4 BIG10$$
$$+ b_{12} SENTIMENT + b_{13} BULL + b_5 GROWTH + b_6 SIZE + b_7 LEV$$
$$+ b_8 ROA + b_9 FSHR + b_{10} FSHR^2 + b_{11} BAL + b_{14} SOE$$
$$+ b_{15} PLACE1 + b_{16} PLACE2 + b_{17} MARKET1$$
$$+ b_{18} MARKET2 + \sum_{i=1}^{n} controls_i \qquad (4-7)$$

此处没有选用更直接的可能原因变量（PERFORM）来对结果变量（DISMISS）进行回归，而是调换了自变量和因变量的位置。主要的考虑一则是前文已经提及的顾虑，无法确定证监会的考核指标中是直接包含了业绩"变脸"这一项目，抑或是采用了其他同业绩"变脸"之间存在正相关关系的替代指标。另一个顾虑在于，由于缺少发审委员投票和个体特征的信息，使得如果以被撤换人数（DISMISS）为因变量，或者直接以发审委员个体为研究对象来进行研究设计，存在明显的遗漏变量问题。但这些可能的遗漏变量显然和公司的业绩之间不相关，故而借鉴 Beaver 等（1980）的做法，以业绩"变脸"（PERFORM）为因变量。

控制变量中，主要考虑了其他可能存在筛选拟 IPO 公司质量的金融中介的影响，如券商的声誉（BIGUNDR）和负责 IPO 审计业务的会计师事务所的声誉（BIG10）。考虑到不同任期的发审委员可能对审核的标准把握程度存在差异，对发审委员的平均任期（TENURE）也进行了控制。再就是结合上市的条件和证监会公布的公司 IPO 被否决的原因，控制了公司 IPO 之前的财务特征指标，主要包括公司规模（SIZE）、公司业绩（ROA），负债水平（LEV），营业增速（GROWTH），以及公司 IPO 前的一些治理特征，主要包括第一大股东的持股比例（FSHR）和股权制衡度（BAL）。考虑到市场宏观因素的影响还控制了投资者情绪（SENTIMENT）和市场牛熊（BULL）。此外，考虑到地区之间经济活动可能的差异和产权性质的影响，对于公司所在地区（PLACE）和是否是国有企业（SOE）也进行了控制。在此基础上，对于公司拟上市的板块（MARKET）、审核的年份、行业等也进行了控制。具体的变量定义，参见表 4.14。

表 4.14   变量定义表

变量	变量含义	变量定义
PERFORM	净利润"变脸"	上市当年的净利润低于上市前一年的净利润
DISMISS	被撤换的发审委员数	参加公司发审会的 7 名发审委中被撤换的人员个数（撤换的标准为没有达到个人可连续任职的期限：3 年）
AUDDIMSMISS	被撤换的审计师发审委员数	参加公司发审会的 7 名发审委中被撤换的审计师发审委员人数（撤换的标准同上）
LAWDISMISS	被撤换的律师发审委员数	参加公司发审会的 7 名发审委中被撤换的律师人数（撤换的标准同上）
OTHDISMISS1	被撤换的非审计师发审委员数	DISMISS – AUDDIMSMISS
OTHDISMISS2	被撤换的非律师发审委员数	DISMISS – LAWDISMISS
TENURE	发审会成员任期	参加发审会的 7 名发审委员，每人已经连续任职的年份数的均值

变量	变量含义	变量定义
BIGUNDR	券商声誉	是否为"十大"券商，判断标准为证券业协会公告的年度营业收入前十名
BIG10	会计师事务所声誉	是否为"十大"会计师事务所，判断标准为注册会计师协会公告的年度营业收入前十名
GROWTH	成长性	上市前两年平均的营业收入增长率
SIZE	公司规模	上市前三年平均总资产的自然对数
LEV	财务杠杆	上市前三年平均资产负债率
ROA	资产净利率	上市前三年平均的资产净利率
FSHR	第一大股东持股比例	上市前一年第一大股东持股比例
BAL	股权制衡度	上市前一年第二大至第十大股东持股比例除以第一大股东持股比例
SENTIMENT	投资者情绪	发审会时封闭式基金折价率
BULL	市场牛熊	市场处于牛市时为1，市场处于熊市时为0
SOE	是否国有	控股股东为国有时取1，否则为0
PLACE1	是否非中西部	如果非中西部则取1，否则为0
PLACE2	是否中部	如果为中部则为1，否则为0
MARKET1	是否为创业板	如果为创业板则取1，否则为0
MARKET2	是否为中小板	如果为中小板则取1，否则为0

沿用模型 4 - 7，在区分了提前撤换的审计师发审委员人数（AUDDIM-SMISS）和其他职业的发审委员人数（OTHDISMISS）后，运用模型（4 - 8）来检验假说 3，如果 b1 显著为正，则支持了假说 3。

$$PERFORM = a + b_1 AUDDISMISS + b_{19} OTHDISMISS + b_2 DURING$$
$$+ b_3 BIGUNDR + b_4 BIG10 + b_{12} SENTIMENT + b_{13} BULL$$
$$+ b_5 GROWTH + b_6 SIZE + b_7 LEV + b_8 ROA + b_9 FSHR$$
$$+ b_{10} FSHR^2 + b_{11} BAL + b_{14} SOE + b_{15} PLACE1 + b_{16} PLACE2$$
$$+ b_{17} MARKET1 + b_{18} MARKET2 + \sum_{i=1}^{n} controls_i \qquad (4-8)$$

由于需要判断发审委员是否被提前撤换，结合公开披露的发审委成员信息，本书选取了自第 8 届主板开始的主板和创业板发审委成员，并剔除了主板第 15

届及以后，创业板第 4 届及以后的观测。考虑到此期间在沪市主板 IPO 的公司大都为超大型国企回归 A 股市场，主要由政府主导，过会的成功概率要高于其他公司，发审委员能发挥作用的空间有限。出于李敏才、刘峰（2012）和陈运森等（2014）相类似的考虑，故而剔除此类 102 家公司，最终选择了这些发审委员审核通过并已发行的 1063 家公司作为考察业绩"变脸"与否的研究对象。

发审委员的个人信息和公司发审会的信息来自 Wind 数据库。通过手工检索和查阅了证监会网站公布的发审委员候选人公告和成立公告的基础上计算每名发审委员的任期来判断是否属于提前"撤换"的委员。公司 IPO 之前的财务信息源自 Resset 数据库，上市之后的财务数据源自 CSMAR 数据库。券商排名数据取自证券业协会网站，会计师事务所排名数据则源自中注协网站。主要连续变量进行了上下 1% 分位数的缩尾（winsorize）处理，以消除极端值的影响，并对回归残差进行了异方差调整。此外考虑整体更换等情况，在发审委员任期的具体届次层面进行了聚类（cluster）处理。

表 4.15 列举了与会的 7 名发审委员中，被提前撤换的人数和公司业绩变脸的家次情况。可以看到当 7 名委员都没有达到自身最大可能的 3 年任期时，审核过的公司中，发生业绩变脸的比例约为 20.16%，和其他几类情形的差别并不明显。考虑到如果 7 名中存在已达到最高 3 年任期的委员，证监会已无法对其运用是否续聘来进行考核，故剔除与会 7 名委员中存在此类委员的观测，结果参见表 4.15 的右侧，可以看到当 7 名委员最终均被提前撤换时，审核通过的公司发生业绩变脸的概率为 12.35%，高于其他几类情形。

表 4.15　　　　　　　　提前"撤换"发审委员数和业绩变脸情况

提前"撤换"人数	全样本				成员所处任期均小于 3			
	业绩上升	业绩变脸	公司数	变脸比例（%）	业绩上升	业绩变脸	公司数	变脸比例（%）
0	11	5	16	31.25	1	0	1	0.00
1	11	5	16	31.25				
2	16	5	21	23.81	1	0	1	0.00
3	35	15	50	30.00	28	10	38	26.32
4	178	31	209	14.83	154	14	168	8.33
5	163	40	203	19.70	148	11	159	6.92
6	259	46	305	15.08	168	15	183	8.20
7	194	49	243	20.16	213	30	243	12.35
合计	867	196	1063	18.44	713	80	793	10.09

4.3.4　实证结果分析

（1）描述性统计

表4.16为各变量的描述性统计，可以看到上市当年发生业绩"变脸"的公司占整个上市公司群体的18%，大约有两成的公司在上市后立刻发生利润下滑，而这还是在上市融资了大量资金之后，可见上市公司 IPO 过程中存在过度包装，质量存在瑕疵的情况并不鲜见。DISMISS 的均值为5.26，中位数为6，说明过会公司的发审委员大部分未能达到所能任职的最高年限3年。从审核时7名委员平均的任期来看，虽然 TENURE 的25%分位数为1，75%分位数为2，但单个观测在绝大多数情况下并不是整数，而且中位数为1.57，也并非整数，说明7名发审委员中委员自身所处的任期之间存在一定差异。此外，也存在平均任期为3的情形，即发审会的7名与会委员全部处于自身最大可能任期。其他变量中，可以看到由十大券商承销和十大会计师事务所审计的公司占到了1/3以上，表明在 IPO 市场金融中介的市场份额倾向于集中。

表 4.16　　　　　　　　　　　变量的描述性统计

变量	n	Mean	S. D.	Min	0.250	Mdn	0.750	Max
PERFORM	1063	0.180	0.390	0	0	0	0	1
PERFORM2	1063	0.110	0.310	0	0	0	0	1
DISMISS	1063	5.260	1.520	0	4	6	6	7
AUDDIMSMISS	1058	2.360	1.040	0	2	3	3	5
LAWDISMISS	1062	1.500	0.660	0	1	1	2	3
TENURE	1063	1.560	0.520	1	1	1.570	2	3
BIGUNDR	1063	0.370	0.480	0	0	0	1	1
BIG10	1063	0.350	0.480	0	0	0	1	1
GROWTH	1063	0.360	0.300	-0.0700	0.180	0.290	0.450	1.770
SIZE	1063	19.87	1.160	17.88	19.13	19.67	20.37	24.84
LEV	1063	0.510	0.150	0.150	0.410	0.520	0.620	0.870
ROA	1063	0.130	0.070	0.0300	0.0800	0.120	0.170	0.380
FSHR	1063	50.84	19.24	11.89	36.01	50	65.04	95.95

续表

变量	n	Mean	S. D.	Min	0. 250	Mdn	0. 750	Max
BAL	1060	1. 140	0. 870	0. 0500	0. 490	0. 930	1. 540	4. 350
SENTIMENT	1063	0. 150	0. 0600	0. 0600	0. 110	0. 140	0. 190	0. 310
BULL	1063	0. 340	0. 480	0	0	0	1	1
SOE	1063	0. 140	0. 350	0	0	0	0	1
PLACE1	1063	0. 780	0. 420	0	1	1	1	1
PLACE2	1063	0. 130	0. 340	0	0	0	0	1
MARKET1	1063	0. 330	0. 470	0	0	0	1	1
MARKET2	1063	0. 570	0. 500	0	0	1	1	1

表 4. 17 为对主要变量进行单变量间的相关性分析的结果。结果显示主要变量之间的相关系数都小于 0.7，表明并不存在明显的共线性问题。券商声誉（BIGUNDR）和业绩变脸之间存在明显的负相关关系，表明券商的声誉越好，承销的公司上市当年业绩变脸的概率越低，但对于会计师事务所而言，同业绩变脸之间的相关系数却并不显著。

（2）回归结果分析

表 4. 18 是模型 4 - 7 回归的结果。列（1）是全样本回归的结果，可以看到参与发审会的 7 名委员中未能达到最大任期的人数（DISMISS）对审核公司上市当年利润下降（PERFORM）的回归系数为 0.124，但 Z 值为 1.42，缺乏统计意义上的显著性。考虑到当发审委员已经处于自身最长任期时，证监会实际上已无法以续聘为手段来考核和激励发审委员，故去除与会的 7 名发审委员中存在已处于自身第 3 个聘期的发审委员的观测，依然运用模型 4 - 7 进行 LOGIT 回归，结果见表 4. 18 的列（2）。此时提前被撤换的发审委员人数（DISMISS）对业绩"变脸"（PERFORM）的回归系数为 0.23，Z 值为 2.03，在 5% 的显著性水平上异于零。表明提前被撤换的人数和审核的公司业绩变脸的概率之间是正相关关系，支持了假说 4.2。其他变量中，可以看到券商的声誉（BIGUNDR）对业绩变脸概率的回归系数为 - 0.589，Z 值为 - 2.52。表明高声誉的券商所承销的公司，上市当年业绩变脸的概率要低于普通声誉的券商。另外一个比较显著的因素是公司上市前的业绩表现，上市前的业绩（ROA）对业绩变脸概率的回归系数为 5.829（Z 值为 2.50），在 5% 的显著性水平上异于零，说明公司上市前业绩越好（ROA），上市当年业绩发生变脸的概率越高，个中原因可能在于上市前过于优秀的业绩可能源于过度包装。

表 4.17　变量相关系数

变量	PERFORM	PERFORM2	DISMISS	AUDDISMISS	LAWDISMISS	TENURE	BIGUNDR	BIG10	GROWTH	SIZE	LEV	ROA	FSHR	BAL	SENTIMENT	BULL	SOE
PERFORM	1	0.459***	-0.019	-0.035	-0.006	-0.058*	-0.084***	0.013	-0.05	0.092***	-0.003	0.011	0.013	-0.01	-0.136***	-0.175***	-0.011
PERFORM2	0.459***	1	-0.037	-0.043	-0.085***	0.027	-0.052*	0.04	-0.049	0.028	-0.045	0.04	0.007	0.009	0.009	-0.058*	0.012
DISMISS	-0.044	-0.073**	1	0.736***	0.415***	-0.218***	0.039	-0.048	-0.271***	0.291***	0.218***	-0.178***	0.104***	-0.121***	0.181***	0.100***	0.051
AUDDISMISS	-0.041	-0.058*	0.742***	1	0.275***	-0.186***	-0.002	-0.060**	-0.157***	0.103***	0.092***	-0.043	0.042	-0.054	0.207***	0.041	-0.012
LAWDISMISS	-0.021	-0.090***	0.498***	0.257***	1	0.027	-0.03	-0.095***	-0.099***	0.057*	0.119***	-0.098***	0.037	-0.049	0.248***	0.196***	0.045
TENURE	-0.052*	0.027	-0.224***	-0.244***	-0.003	1	-0.019	-0.03	0.001	0.026	-0.011	-0.003	0.052*	-0.051*	0.106***	0.115***	0.086***
BIGUNDR	-0.080***	-0.049	0.008	-0.007	-0.039	-0.008	1	0.006	0.067**	0.077***	0.003	0.025	0.03	-0.039	0.019	-0.035	0.035
BIG10	0.012	0.037	-0.05	-0.047	-0.082***	-0.023	0.006	1	-0.051*	0.142***	0.02	-0.017	0.043	-0.04	-0.085***	-0.053*	0.048
GROWTH	-0.070**	-0.024	-0.265***	-0.164***	-0.082**	-0.02	0.067**	-0.02	1	-0.261***	-0.055*	0.180***	-0.094***	0.109***	0.005	0.051	-0.088***
SIZE	0.089***	0.024	0.233***	0.080***	0.057*	0	0.071***	0.170***	-0.181***	1	0.551***	-0.589***	0.188***	-0.219***	-0.035	-0.089***	0.307***
LEV	-0.009	-0.045	0.228***	0.092***	0.128***	-0.024	0.002	0.026	-0.046	0.476***	1	-0.708***	0.105***	-0.118***	0.077***	0.079***	0.097***
ROA	0.01	0.045	-0.177***	-0.043	-0.094***	-0.016	0.04	0.001	0.214***	-0.495***	-0.681***	1	-0.109***	0.127***	-0.079***	-0.093***	-0.270***
FSHR	0.011	0.014	0.106***	0.029	0.061**	0.055*	0.024	0.047	-0.094***	0.220***	0.119***	-0.108***	1	-0.964***	0.056*	0.01	0.178***
BAL	-0.027	0.003	-0.106***	-0.044	-0.066**	-0.043	-0.023	-0.013	0.080***	-0.176***	-0.105***	0.108***	-0.870***	1	-0.059*	-0.006	-0.195***
SENTIMENT	-0.130***	0.013	0.148***	0.097***	0.226***	0.113***	0.017	-0.087***	0.048	0.017	0.085***	-0.085***	0.067**	-0.051	1	0.686***	0.207***
BULL	-0.171***	-0.061**	0.134***	0.026	0.199***	0.090***	-0.034	-0.054*	0.041	-0.057***	0.069***	-0.097***	0.105***	-0.118***	0.677***	1	0.119***
SOE	0	0.013	0.061**	-0.026	0.042	0.075**	0.047	0.05	-0.080***	0.427***	0.101***	-0.239***	0.199***	-0.166***	0.226***	0.123***	1

注：* $p<0.1$，** $p<0.05$，*** $p<0.0$。

表 4.18 发审委员被"撤换"和审核公司业绩"变脸"概率

变量	（1） PERFORM	（2） PERFORM 所处任期 < 3	（3） PERFORM2	（4） PERFORM2 所处任期 < 3
DISMISS	0.124 (1.42)	0.230 ** (2.03)	0.246 ** (2.10)	0.369 ** (2.07)
TENURE	− 0.062 (− 0.27)	− 0.133 (− 0.41)	0.623 ** (2.38)	1.075 *** (2.65)
BIGUNDR	− 0.594 *** (− 2.94)	− 0.589 ** (− 2.52)	− 0.728 *** (− 2.60)	− 0.855 ** (− 2.47)
BIG10	− 0.206 (− 0.95)	− 0.453 * (− 1.79)	− 0.007 (− 0.03)	− 0.164 (− 0.50)
GROWTH	− 1.007 ** (− 2.50)	− 1.214 ** (− 2.29)	− 0.439 (− 0.81)	− 0.156 (− 0.20)
SIZE	0.551 *** (3.26)	0.598 *** (3.07)	0.334 * (1.71)	0.222 (0.91)
LEV	0.239 (0.23)	0.062 (0.05)	0.827 (0.64)	0.607 (0.37)
ROA	5.484 *** (2.79)	5.829 ** (2.50)	6.960 *** (2.81)	6.616 ** (2.07)
FSHR	0.025 (0.59)	0.043 (0.85)	0.057 (0.89)	0.120 (1.35)
FSHR2	− 0.000 (− 0.71)	− 0.000 (− 0.97)	− 0.000 (− 0.71)	− 0.001 (− 1.24)
BAL	− 0.042 (− 0.15)	− 0.074 (− 0.21)	0.559 (1.29)	0.784 (1.33)
SENTIMENT	0.691 (0.16)	3.307 (0.59)	8.620 (1.47)	14.127 ** (1.99)
BULL	− 0.419 (− 1.37)	− 0.514 (− 1.48)	− 0.216 (− 0.65)	− 0.455 (− 1.12)

续表

变量	(1) PERFORM	(2) PERFORM 所处任期 < 3	(3) PERFORM2	(4) PERFORM2 所处任期 < 3
SOE	0.280 (0.84)	0.318 (0.83)	0.545 (1.44)	0.695 (1.36)
PLACE1	0.218 (0.63)	0.089 (0.23)	-0.100 (-0.21)	-0.343 (-0.66)
PLACE2	-0.010 (-0.02)	-0.556 (-1.08)	0.011 (0.02)	-0.515 (-0.74)
MARKET1	0.508 * (1.69)	0.587 (1.63)	0.395 (1.04)	-0.109 (-0.22)
行业和年份	控制	控制	控制	控制
_cons	-11.966 *** (-2.80)	-12.840 *** (-2.64)	-17.587 *** (-3.33)	-13.881 ** (-2.26)
N	953	688	894	630
chi2	136.61 ***	109.08 ***	117.49 ***	83.75 ***
r2_p	0.147	0.142	0.188	0.183

注：$*p < 0.1$，$**p < 0.05$，$***p < 0.01$。

表4.19 为对 H4.3 的检验结果。同表4.18，列（2）为去除了与会的 7 名发审委员中存在居于自身最大可能任职年限的发审委员的观测后的回归结果。可以看到被撤换的审计师发审委员人数（AUDDIMSMISS）对业绩变脸（PER-FORM）的 LOGIT 回归系数为 0.328（Z 值为 1.89），在 10% 的显著性水平上显著异于零。表明审计师发审委员被撤换人数和公司业绩变脸的概率之间存在显著的正相关关系。说明与会的委员中，被提前撤换的审计师发审委员人数越多，公司上市后发生业绩变脸的概率越高。该结果支持了假说 4.3，表明存在审计师发审委员对不合格公司应否却未否而被撤换的情况。其他的回归结果同表 4.18 类似，在此不予赘述。

表4.19　　　　审计师发审委员被"撤换"和审核公司业绩"变脸"概率

变量	（1） PERFORM	（2） PERFORM 所处任期＜3	（3） PERFORM2	（4） PERFORM2 所处任期＜3
AUDDIMSMISS	0.236 ** （2.22）	0.328 * （1.89）	0.247 ** （2.26）	0.272 *** （2.66）
OTHDISMISS1	0.021 （0.19）	0.134 （1.06）	0.246 ** （2.44）	0.448 *** （2.66）
TENURE	−0.068 （−0.32）	−0.142 （−0.32）	0.622 ** （2.13）	1.097 * （1.90）
BIGUNDR	−0.594 ** （−2.47）	−0.586 * （−1.93）	−0.732 * （−1.66）	−0.865 * （−1.67）
BIG10	−0.190 （−0.78）	−0.440 * （−1.67）	−0.006 （−0.02）	−0.178 （−0.93）
GROWTH	−1.010 ** （−2.14）	−1.203 （−1.57）	−0.441 （−0.79）	−0.170 （−0.22）
SIZE	0.554 *** （3.40）	0.600 *** （3.32）	0.334 *** （3.45）	0.221 （1.64）
LEV	0.333 （0.43）	0.114 （0.13）	0.841 （0.90）	0.592 （0.44）
ROA	5.718 ** （2.25）	6.054 * （1.88）	6.952 ** （2.32）	6.441 （1.55）
FSHR	0.026 （0.49）	0.043 （0.63）	0.058 （1.19）	0.119 （1.60）
FSHR2	−0.000 （−0.57）	−0.000 （−0.68）	−0.000 （−0.85）	−0.001 （−1.26）
BAL	−0.030 （−0.09）	−0.060 （−0.15）	0.561 * （1.94）	0.758 * （1.92）
SENTIMENT	0.348 （0.09）	2.753 （0.46）	8.716 *** （2.98）	14.404 *** （3.01）

变量	(1) PERFORM	(2) PERFORM 所处任期 < 3	(3) PERFORM2	(4) PERFORM2 所处任期 < 3
BULL	−0.360 (−0.68)	−0.493 (−0.74)	−0.217 (−0.35)	−0.492 (−0.70)
SOE	0.294 (1.39)	0.346 (0.86)	0.534 ** (2.06)	0.670 (1.60)
PLACE1	0.226 (0.84)	0.085 (0.24)	−0.099 (−0.23)	−0.373 (−0.56)
PLACE2	−0.004 (−0.01)	−0.567 (−1.62)	0.011 (0.03)	−0.512 (−0.83)
MARKET1	0.414 (1.47)	0.447 (1.20)	0.395 (1.31)	0.006 (0.01)
行业和年份	控制	控制	控制	控制
_cons	−11.712 *** (−2.95)	−15.627 *** (−2.64)	−17.573 *** (−5.06)	−16.869 *** (−4.52)
N	951	688	892	630
chi2	136.32 ***	108.99 ***	118.61 ***	86.09 ***
r2_p	0.149	0.144	0.188	0.185

注： $*p<0.1$ ， $**p<0.05$ ， $***p<0.01$ 。

4.3.5　稳健性检验

从表 4.12 的创业板和主板发审委员任期统计可以看到，大多数主板发审委员的任期为 2 年左右，最大任期为 2 年的发审委员占到了全部委员的 53.33% ，而对于创业板发审委员而言，大多数任期为 3 年，有 59.05% 的创业板发审委员达到了自身所能任职的最长年限。为此，对于创业板的发审委员，以任期期限短于 3 年作为被提前撤换的标准，对于主板发审委员，则以任期短于 2 年为标准。在此基础上，运用式（4 - 7）分别进行检验的结果参见表 4.20。结果同表 4.18 类似，可以看到提前撤换的发审委员人数同业绩变脸概率之间依然是正相关的关系。

表 4.20   稳健性检验结果

变量	（1） PERFORM 创业板	（2） PERFORM 中小板
DISMISS	0.441 *** （2.70）	0.119 * （1.78）
TENURE	− 1.306 * （ − 1.86）	0.590 *** （3.03）
BIGUNDR	− 1.542 *** （ − 3.74）	− 0.405 ** （ − 2.20）
BIG10	− 0.049 （ − 0.12）	− 0.349 （ − 0.86）
GROWTH	− 0.773 （ − 1.36）	− 0.954 （ − 1.05）
SIZE	1.519 *** （3.46）	0.449 *** （3.21）
LEV	− 0.322 （ − 0.17）	− 0.149 （ − 0.13）
ROA	6.417 （1.59）	5.739 *** （2.70）
FSHR	0.260 ** （2.19）	0.003 （0.05）
FSHR2	− 0.002 ** （ − 1.99）	− 0.000 （ − 0.23）
BAL	1.660 ** （2.27）	− 0.283 （ − 0.65）
SENTIMENT	− 8.467 （ − 0.53）	− 1.490 （ − 0.54）
BULL	− 1.335 （ − 0.95）	0.052 （0.10）
SOE	− 0.116 （ − 0.16）	0.368 （1.23）

续表

变量	(1) PERFORM 创业板	(2) PERFORM 中小板
PLACE1	-0.079 (-0.11)	0.274 (0.70)
PLACE2	0.096 (0.10)	-0.119 (-0.31)
行业和年份	控制	控制
_cons	-36.438*** (-3.32)	-11.637*** (-2.80)
N	290	598
chi2	79.47***	70.77***
r2_p	0.292	0.116

注：$*p<0.1$，$**p<0.05$，$***p<0.01$。

除以利润下降与否作为公司业绩变脸的依据外，本书还以营业收入是否下滑作为公司业绩变脸的判断标准，即变量 PERFORM2。稳健性检验的结果常见表 4.18 的列（3）和列（4），以及表 4.19 的列（3）和列（4）。得到的结果同以利润为判断指标（PERFORM）的结果基本是一致的。

除了考察审计师发审委员外，本书还检验了律师发审委员撤换的情况，结果见表 4.21。可见律师发审委员被提前撤换同业绩变脸之间并无显著的正相关关系，个中的原因可能在于业绩变脸与否可能不是考核律师发审委员的主要指标。

表 4.21　　　律师发审委员被"撤换"和审核公司业绩"变脸"概率

变量	(1) PERFORM	(2) PERFORM 最高届次<3
LAWDISMISS	0.281 (1.47)	-0.031 (-0.10)
OTHDISMISS2	0.084 (1.33)	0.357** (2.30)

续表

变量	(1) PERFORM	(2) PERFORM 最高届次 <3
TENURE	− 0. 073 (− 0. 40)	0. 697 *** (2. 64)
BIGUNDR	− 0. 578 ** (− 2. 32)	− 0. 750 * (− 1. 74)
BIG10	− 0. 205 (− 0. 88)	− 0. 028 (− 0. 12)
GROWTH	− 0. 960 ** (− 2. 10)	− 0. 458 (− 0. 82)
SIZE	0. 540 *** (3. 35)	0. 331 *** (3. 41)
LEV	0. 351 (0. 46)	0. 867 (0. 94)
ROA	5. 656 ** (2. 29)	7. 115 ** (2. 36)
FSHR	0. 052 (0. 74)	0. 047 (0. 93)
FSHR2	− 0. 000 (− 0. 78)	− 0. 000 (− 0. 63)
BAL	0. 132 (0. 32)	0. 502 (1. 62)
SENTIMENT	0. 905 (0. 23)	8. 672 *** (2. 71)
BULL	− 0. 450 (− 0. 91)	− 0. 237 (− 0. 40)
SOE	0. 264 (1. 23)	0. 557 ** (1. 96)
PLACE1	0. 179 (0. 63)	− 0. 060 (− 0. 13)

变量	(1) PERFORM	(2) PERFORM 最高届次 <3
PLACE2	-0.025 (-0.07)	0.015 (0.04)
MARKET1	0.472 * (1.93)	0.546 (1.58)
行业和年份	控制	控制
_cons	-16.239 *** (-3.19)	-15.729 *** (-4.87)
N	952	893
chi2	138.10 ***	116.20 ***
r2_p	0.150	0.192

注: *p<0.1, **p<0.05, ***p<0.01。

4.3.6　本节结论

本节研究发现，出席公司发审会的 7 名发审委员中，被提前撤换的发审委员越多，公司上市当年业绩发生变脸的概率越高。此类情形在源自会计师事务所的发审委员群体中也依然存在。本节的发现表明，证监会确实对发审委员存在考核，在发审委换届选拔时，会参考发审委员过往的审核表现决定是否对之进行续聘，那些未获续聘的发审委员审核的质量相对较低。这也意味着，加大对表现优秀的发审委员的奖励，同时增加其他的惩罚机制，披露更多发审环节以及发审委员的考核细节信息，可能是提升审核质量的努力方向之一。

4.4　发审委员的任期和审核标准调整

从前文的研究结果可以发现，由于在审核的过程中，发审委员不仅需要对拟 IPO 公司进行形式审查，还要对其做实质性判断，这一过程中充满了发审委员的主观判断。审核过程中，除了审核所需信息的搜集成本、证监会可能的公开惩罚损失之外，可能的寻租机会、证监会对不尽责委员不予续聘的非公开方式的问责等的存在，都可能是发审委员在决策时需要考虑的因素。故而发审委员对于 IPO 过会标准的把握并非是一成不变的，很可能会随着前述诸多因素影响力的变化而不停地调整。

4.4.1　研究假说

发审委员的身份无疑能给发审委员带来利益，是发审委员重要的无形资产[1]。发审委员不但能够通过有偿培训、讲座等方式向公众传达成功 IPO 的注意事项而直接获取收益，而且还能通过发审委员的身份为关联的事务所带来更多的 IPO 业务（王兵，辛清泉，2009），然后作为事务所的合伙人而享有红利。发审委员任职时间的长短基本上决定了发审委员身份的价值，随着发审委员的离任，相关的 IPO 审计业务迅速减少[2]。一旦发审委员离任后，伴随着委员身份的利益往往就随之消失。为此，发审委员面临着一个两难的选择。一方面，结合前文对发审委员行为的分析和已有的实证结果可以看到，发审委员天然地倾向于选择较低的标准来审核拟 IPO 公司的申请。而且由于成功过会对于拟 IPO 公司而言是难得的融资机会，整个过程无论是对拟 IPO 公司还是参与的承销商、会计师事务所等金融中介机构都是一个漫长而辛苦的过程。如果能够提高过会的概率，这些企业公关的意愿很高[3]，发审委员自然是被公关的重点对象之一。故而存在发审委员利用自身的委员身份来帮助拟 IPO 公司过会，主观上故意不严格审核，进行纳伪的情形。另一方面，尽管证监会对拟 IPO 公司会预先审核，发审委员的纳伪是其后续环节，使得对发审委员公开的"问责"难以实施，但证监会并非对发审委的纳伪行为或者毫不知情，或者视而不见，而是通过在发审委换届时，以不续聘的方式对之施以惩罚。因此，如果发审委员不勤勉尽责地执行审核工作，审核的标准过于宽松，最终很可能会由于不称职的纳伪行为而被证监会撤换，未能保持发审委员的身份到足够长的时间；而如果过于严格地执行标准，更多地弃真，尽管可能会籍此担任更长时间的发审委员，但如此一来，不仅需要收集和提供更多的信息，而且也未必能为自身谋

---

① 陆媛，郑斐. 股票发审的秘密：搞定 11 个关键人就行［EB/OL］. 财新网，2013 – 01 – 28.

② 陈旭，薄冬梅. 发审委委员供职中介机构 IPO 业务增长最高至 3400%［N］. 经济观察报，2013 – 06 – 07.

③ 穆为. 21 世纪网人员涉 IPO 敲诈　财经公关涉嫌共谋［EB/OL］. 财新网，2014 – 09 – 04.

得比纳伪时更多的利益。可见，发审委员在审核的过程中，需要对二者进行权衡，制定出一个恰当的审核标准。

沿用前文 4.1 节中对发审委员行为的分析框架，由于发审委员可以通过某些纳伪的行为来实现攫租，未来的攫租机会就成为决策时需要考虑的机会成本。对于纳伪行为而言，有意或无意的纳伪行为的损失除了证监会可能的公开惩罚外，还包括因纳伪而被提前撤换所减少的未来攫租机会。而随着时间的推移，发审委员因为纳伪而被公开处罚的风险并没有显著上升，但因此而不被续聘的影响却在逐渐消退。当发审委员越接近最大可能的任期 3 年，特别是迈入自身的第 3 个聘期内时，纳伪对自身未来任期的影响将不复存在，故而纳伪的成本随着时间的推移在逐渐下降（即 $\partial C_2 / \partial t < 0$，$C_2$ 随着时间呈现出下降的趋势）。

对于弃真行为而言，鉴于弃真的错误事后难以判断，过多的弃真可能会为发审委员带来严格审核的声誉，增加被证监会续聘的概率，致使其任期延长，这无疑将增加发审委员后续攫租的机会，未来可能获得的经济租将在一定程度上弥补弃真需要的诸如搜集信息等的直接成本。但由于发审委员的最大任期被设定为 3 年，随着时间的推移，发审委员通过弃真来延长任期的边际效用会越来越低，因此弃真的直接成本将越来越明显（即 $\partial C_1 / \partial t > 0$，$C_1$ 随着时间呈现出上升的趋势）。结合式（4-4），可以得到式（4-9）：

$$\frac{\partial k}{\partial t} = \frac{\partial k}{\partial c_1} \frac{\partial c_1}{\partial t} + \frac{\partial k}{\partial c_2} \frac{\partial c_2}{\partial t} < 0 \qquad (4-9)$$

正由于弃真的成本随着时间的推移逐渐上升，而纳伪的成本随着时间的推移逐渐下降，将导致弃真相对纳伪的重要性（即 $\ln C_2 / C_1$）将随着时间的推移逐渐下降，审核的标准（k）也将之逐渐变小（即 $\partial k / \partial t < 0$）。故而随着发审委员任期的推移，发审委员审核的标准将越来越低，更多的公司将会被认为是高质量的公司。

可见在发审委员任职的前期，尤其是任职的第一年，考虑到大多数发审委员的任职一般为两到三年，发审委员需要积累个人的审核声誉以延长任期，以防被证监会过早地撤换，会倾向于实施较为严格的标准。而随着任职时间的推移，发审委员因为纳伪而被撤换的压力渐小，但与此相关的收益却并未变化，因此会审核得越来越宽松。特别是当发审委员已经处于自身的第 3 个聘期，依照制度安排已不能续任下一个聘期时，此时即使纳伪也已基本影响不了发审委员的任期。

尽管每个发审委员的投票情况并不对外披露，但对于发审委员身份价值的考虑应该适用于绝大多数发审委员，具有一定的普遍性。可以猜测，参加发审会的 7 名委员中，处于自身任职后期的委员越多，其审核的标准将越低，被审核的公司通过发审会也将更容易。故而在此提出待验的研究假说4.4：

H4.4：出席公司发审会的发审委员任期越高，公司的 IPO 申请被否决的概率越低。

前文的研究假定随着发审委员任期的延长，发审委员降低了审核的标准使得申请 IPO 的公司更容易过会，但发审委员审核标准的具体构成却尚未有涉及。尽管无法客观而完整地探究发审委员的判定函数，但有些指标不可避免地成为发审委员决策的重要依据。为保障上市公司的质量，我国对拟 IPO 公司设置了一定的要求①，可以发现，虽然盈余情况不完全等同于公司的质量，但盈利情况一直都是重点考核的指标。发审委员的主要工作除了对公司信息披露的真实性等做出判断外，另外一个重要的职责就是对公司的持续盈利能力做出判断，保障过会的公司能够回报投资者，考虑到公司的盈利水平具有持续性（Bernard and Thomas，1990），公司 IPO 前的盈利情况无疑同 IPO 后的盈利情况的密切相关。因此，发审委员在确定审核标准时，业绩水平很可能是其中的重要组成部分。如若发审委员审核的标准越严格，那么过会的公司所要求达到的业绩水平就相对较高，反之亦然。正是由于审核标准的不同，甚至可能导致即使是同一家公司，一些发审委员会认为是业绩符合要求的公司，而另一些发审委员却可能因为标准的不一样而认为其不达标。如果发审委员确实因为随着任期的延续，降低了审核标准中对业绩水平的要求，那么将可以观察到随着与会委员任期的延续，即使是同样的业绩水平，过会的概率也会上升，即待验的假说4.5：

H4.5：出席公司发审会的发审委员任期越高，同等的业绩水平下，公司 IPO 申请被否决的概率越低。

4.4.2　研究设计

运用 LOGIT 回归模型来检验假说4.4，具体参见式（4-10），期望 7 名与会发审委员的平均任期（TENURE）的回归系数 $\beta1$ 显著为负，即发审会成员的任期越高，IPO 申请被否的概率越低，以支持假说4.4。控制变量中，同前

---

① 中国证券监督管理委员会，首次公开发行股票并上市管理办法，2006-05-17.

文的研究一样，首先控制了金融中介的声誉，主要是承销商的声誉，用券商排名来度量，以及负责 IPO 审计业务的会计师事务所的声誉，以是否是中注协公布的前十大会计师事务所来判断。参考证监会披露的 IPO 公司申请被否的理由，对公司的财务特征和治理特征进行了控制，其中财务特征包括公司的业绩水平（ROA）、债务水平（LEV）、业务成长性（GROWTH）、营业毛利率（MARGIN）和公司规模（SIZE），另一部分财务指标则关注盈余质量，包括应计总额（TACC）、存货周转率（INVTURN）和应收账款周转率（ACREC-TURN）；治理情况则考虑了公司的第一大股东持股比例（FSHR），股权制衡度（BAL）、关联交易（TUNNEL）和治理成本（AGENCY）。具体的变量含义和定义，参见表 4.22。

$$
\begin{aligned}
NOPASS = {} & \alpha + \beta_1 TENURE + \beta_2 BIGUNDR + \beta_3 BIG10 + \beta_4 GROWTH \\
& + \beta_5 SIZE + \beta_6 LEV + \beta_7 ROA + \beta_8 MARGIN + \beta_9 TACC \\
& + \beta_{10} INVTURN + \beta_{11} ACRECTURN + \beta_{12} FSHR + \beta_{13} FSHR^2 \\
& + \beta_{14} BAL + \beta_{15} TUNNEL + \beta_{16} AGENCY + \beta_{19} SOE + \beta_{20} PLACE1 \\
& + \beta_{21} PLACE2 + \beta_{17} SENTIMENT + \beta_{18} BULL + \beta_{22} MARKET1 \\
& + \beta_{23} MARKET2 + \sum_{i=1}^{n} controls_i
\end{aligned} \tag{4-10}
$$

$$
\begin{aligned}
NOPASS = {} & \alpha + \beta_1 TENURE + \beta_{24} TENURE \times ROA + \beta_{25} TENURE \times LEV \\
& + \beta_{26} TENURE \times GROWTH + \beta_2 BIGUNDR + \beta_3 BIG10 \\
& + \beta_4 GROWTH + \beta_5 SIZE + \beta_6 LEV + \beta_7 ROA + \beta_8 MARGIN \\
& + \beta_9 TACC + \beta_{10} INVTURN + \beta_{11} ACRECTURN + \beta_{12} FSHR \\
& + \beta_{13} FSHR^2 + \beta_{14} BAL + \beta_{15} TUNNEL + \beta_{16} AGENCY \\
& + \beta_{19} SOE + \beta_{20} PLACE1 + \beta_{21} PLACE2 + \beta_{17} SENTIMENT \\
& + \beta_{18} BULL + \beta_{22} MARKET1 + \beta_{23} MARKET2 + \sum_{i=1}^{n} controls_i
\end{aligned} \tag{4-11}
$$

模型（4-11）用来检验假说 4.5，主要考察发审委员任期和业绩水平的交乘项（TENURE×ROA）的回归系数，期望其显著为负。此外，考虑到发审委员除了基本的盈利指标外，可能还考虑了其他的财务状况指标，因而在回归中还加入了任期和负债水平（LEV）、成长性（GROWTH）的交乘项，其他的控制变量同式（4-10），不予赘述。

变量定义见表 4.22。

93

表 4.22 变量定义

变量	变量含义	变量定义
NOPASS	未通过发审会	未通过发审会取值为 1，通过的公司取值为 0
TENURE	发审会成员任期	参加发审会的 7 名发审委员，每人已经连续任职的年份数的均值
BIGUNDR	券商声誉	是否为"十大"券商，判断标准为证券业协会公告的年度营业收入前十名
BIG10	会计师事务所声誉	是否为"十大"会计师事务所，判断标准为注册会计师协会公告的年度营业收入前十名
GROWTH	成长性	上市前两年平均的营业收入增长率
TUNNEL	关联交易	上市前三年（其他应收款 – 其他应付款）/总资产的均值
INVTURN	存货周转率	2×营业成本/（期初存货 + 期末存货），上市前两年的均值
ACRECTURN	应收账款周转率	2×营业收入/（期初应收账款 + 期末应收账款），上市前两年的均值
AGENCY	代理成本	现金流量表中"支付的其他和经营活动有关的现金"/资产总额，上市前三年均值
TACC	应计总额	（净利润 – 经营活动经营现金净流量）/资产总额，上市前三年均值
MARGIN	毛利率	（营业收入 – 营业成本）/营业收入，上市前三年的均值
SIZE	公司规模	上市前三年平均总资产的自然对数
LEV	财务杠杆	上市前三年平均资产负债率
ROA	资产净利率	上市前三年平均的资产净利率
FSHR	第一大股东持股比例	上市前一年第一大股东持股比例
BAL	股权制衡度	上市前一年第二大至第十大股东持股比例除以第一大股东持股比例
SENTIMENT	投资者情绪	发审会时封闭式基金折价率
BULL	市场牛熊	市场处于牛市时为 1，市场处于熊市时为 0
SOE	是否国有	控股股东为国有时取 1，否则为 0
FTIME	是否首次申请	如果是首次申请 IPO 则取值为 1，否则为 0
PLACE1	是否非中西部	如果非中西部则取 1，否则为 0
PLACE2	是否中部	如果为中部则为 1，否则为 0
MARKET1	是否为创业板	如果为创业板则取 1，否则为 0
MARKET2	是否为中小板	如果为中小板则取 1，否则为 0

4.4.3 样本和描述性统计

同 4.2 节一样，本书选取股权分置改革后 2006 年 6 月 2 日至 2012 年 10 月 10 日发审委审核的，拟在非沪市主板 IPO 的公司共 1258 家次为样本。主要数据源自 CSMAR 数据库、RESSET 数据库和 Wind 数据库。其中，已过会且已经发行的公司的财务数据源自 CSMAR 数据库，已过会但未发行和未过会公司的财务数据则手工摘自这些公司的招股说明书。已成功过会公司的 IPO 前股权结构信息源自 RESSET 数据库，被否决的公司 IPO 前的股权信息则依然手工摘录自招股说明书。所有观测所属的行业信息则取自 Wind 数据库。其他数据中，券商排名源自 Wind 数据库，会计师事务所排名数据源自中注协网站。

表 4.23 列示了与会的 7 名发审委员的平均任期（TENURE）和审核的公司过会的情况。可以看到当所有与会发审委员均为首次任职时，审核的 489 家公司中，有 90 家公司的 IPO 申请被否决，占比为 18.40%。而平均任期介于 1 和 2 之间时，审核的 564 家公司中 104 家申请被否决，否决率为 18.44%，但当平均任期为 2 以上，即处于任职后期的发审委员占大多数时，审核的 205 家公司中，仅有 16 家公司的申请被否决，占比约为 7.8%，远低于另外两种情况。

表 4.23　　　　　　　　　　与会发审委员任职届次和公司过会率

与会委员平均届次		通过	未通过	全体	未通过	全体	否决率（%）
1	1	399	90	489	90	489	18.40
1＜任期≤2	1.142857	3	5	8	104	564	18.44
	1.285714	33	7	40			
	1.428571	16	5	21			
	1.571429	115	36	151			
	1.714286	41	13	54			
	1.857143	36	7	43			
	2	216	31	247			

与会委员平均届次		通过	未通过	全体	未通过	全体	否决率（%）
2＜任期≤3	2.142857	120	13	133			
	2.285714	36	0	36			
	2.428571	22	0	22	16	205	7.80
	2.571429	6	0	6			
	2.714286	1	2	3			
	3	4	1	5			
合计		1048	210	1258	210	1258	16.69

表 4.24 为主要变量的描述性统计。可以看到 IPO 申请是否被否决（NO-PASS）的均值为 0.17，即被否决比率为 17%，说明大部分拟 IPO 公司通过了发审会。发审会成员的平均任期（TENURE）的均值为 1.54，中位数为 1.57，表明参与发审会审核的 7 名委员平均任职经历为 1 到 2 年，存在新老搭配的现象。TENURE 的最小值为 1，即 7 名发审委员都是新任委员，最大值为 3，即 7 名发审委员都是处于 3 年最大聘期的委员。

表 4.24 描述性统计

变量	n	Mean	S. D.	Min	0.250	Mdn	0.750	Max
NOPASS	1258	0.170	0.370	0	0	0	0	1
BIGUNDR	1258	0.600	0.490	0	0	1	1	1
BIG10	1258	0.340	0.470	0	0	0	1	1
TENURE	1258	1.540	0.500	1	1	1.570	2	3
GROWTH	1257	0.370	0.300	−0.0700	0.190	0.300	0.470	1.750
TUNNEL	1238	0	0.0500	−0.170	−0.0200	0	0.0100	0.140
INVTURN	1216	8.920	23.21	0.770	2.650	4.190	6.920	201.7
ACRECTURN	1247	20.58	58.09	1.690	4.250	6.310	12.30	455.6
AGENCY	1255	0.120	0.0900	0.0100	0.0600	0.0900	0.150	0.520
TACC	1254	0.0200	0.0700	−0.140	−0.0300	0.0100	0.0600	0.200
MARGIN	1257	0.350	0.170	0.0700	0.230	0.310	0.440	0.900
SIZE	1257	19.61	0.830	17.76	19.06	19.54	20.10	24.44

续表

变量	n	Mean	S. D.	Min	0. 250	Mdn	0. 750	Max
LEV	1257	0. 500	0. 150	0. 140	0. 390	0. 510	0. 610	0. 870
ROA	1256	0. 140	0. 0700	0. 0300	0. 0900	0. 120	0. 170	0. 380
FSHR	1258	49. 44	18. 47	12. 02	35. 50	48. 91	62. 97	95. 10
BAL	1255	1. 200	0. 880	0. 0500	0. 540	0. 980	1. 590	4. 370
SENTIMENT	1258	0. 150	0. 0500	0. 0600	0. 110	0. 130	0. 180	0. 300
BULL	1258	0. 310	0. 460	0	0	0	1	1
SOE	1258	0. 100	0. 300	0	0	0	0	1
FTIME	1258	0. 950	0. 220	0	1	1	1	1
PLACE1	1258	0. 770	0. 420	0	1	1	1	1
PLACE2	1258	0. 140	0. 340	0	0	0	0	1
MARKET1	1258	0. 380	0. 490	0	0	0	1	1

4.4.4　实证结果分析

H4.4 和 H4.5 的实证检验结果参见表 4.25。列（1）是运用模型（4 - 10）进行回归的结果，可以看到 TENURE 对 NOPASS 的回归系数为 - 0.526，z 值为 - 2.60，显著异于零，说明出席发审会 7 名委员的平均任期越大，公司通过发审会的概率越高，假说 4.4 得到了支持。其他变量中，还可以看到业绩 ROA 的回归系数为 - 5.658，在 5% 的显著性水平上异于零（Z 值为 - 2.50），说明业绩越好的公司通过发审会的概率越高。公司规模 SIZE 的回归系数为 - 0.665，z 值为 - 3.14，说明公司规模越大，通过的概率越高。这些结果均表明公司的状况越好，过会的概率越高，也说明发审委员对公司还是进行了一定程度的筛选，并不是简单的"橡皮图章""发而不审"。而第一大股东持股比例同申请被否决之间的概率之间为倒"U"形的关系，一次项（FSHR）的系数为 0.112，而二次项（FSHR2）的系数为 - 0.001，两者都具有统计意义的显著性，可能的原因在于"大股东掏空"的第二类代理问题为我国证券市场显著的代理问题，而第一大股东持股比例同第二类代理成本之间也是倒"U"形的关系，当第一大股东持股比例较少时，大股东"掏空"的动机强烈，但掏空的能力较弱；当大股东持股比例很高时，大股东掏空的能力很强，但掏空的动机较弱。这一倒"U"形的结果说明与会的发审委员对公司的代理成本也有考虑。

表 4.25   发审委员任期和过会概率

变量	（1） NOPASS 全样本	（2） NOPASS 全样本
TENURE	- 0. 526 *** （ - 2. 60）	3. 920 *** （2. 88）
TENURE × ROA		- 16. 164 *** （ - 3. 66）
TENURE × LEV		- 4. 154 ** （ - 2. 24）
TENURE × GROWTH		- 0. 825 （ - 1. 06）
ROA	- 5. 658 ** （ - 2. 50）	17. 093 *** （2. 67）
LEV	0. 803 （0. 80）	6. 896 ** （2. 22）
GROWTH	- 0. 219 （ - 0. 63）	0. 893 （0. 83）
BIGUNDR	- 0. 079 （ - 0. 46）	- 0. 052 （ - 0. 30）
BIG10	0. 113 （0. 62）	0. 077 （0. 42）
TUNNEL	1. 635 （0. 84）	1. 146 （0. 58）
INVTURN	- 0. 001 （ - 0. 28）	- 0. 002 （ - 0. 41）
ACRECTURN	0. 003 ** （2. 18）	0. 003 ** （2. 29）
AGENCY	1. 515 （1. 23）	1. 544 （1. 19）
TACC	2. 671 * （1. 68）	2. 482 （1. 56）
MARGIN	0. 194 （0. 25）	0. 194 （0. 25）

续表

变量	(1) NOPASS 全样本	(2) NOPASS 全样本
SIZE	− 0. 665 *** (− 3. 14)	− 0. 685 *** (− 3. 23)
FSHR	0. 112 *** (2. 58)	0. 116 ** (2. 53)
FSHR2	− 0. 001 ** (− 2. 47)	− 0. 001 ** (− 2. 48)
BAL	0. 730 ** (2. 58)	0. 722 ** (2. 36)
SENTIMENT	12. 794 *** (3. 04)	12. 137 *** (2. 82)
BULL	− 0. 669 ** (− 2. 09)	− 0. 666 ** (− 2. 02)
SOE	0. 098 (0. 30)	0. 033 (0. 10)
FTIME	0. 362 (0. 92)	0. 361 (0. 93)
PLACE1	− 0. 228 (− 0. 74)	− 0. 255 (− 0. 83)
PLACE2	0. 072 (0. 21)	0. 072 (0. 21)
MARKET1	− 0. 680 *** (− 2. 65)	− 0. 682 *** (− 2. 68)
行业和年份	控制	控制
_cons	6. 175 (1. 23)	− 0. 441 (− 0. 09)
N	1131	1131
chi2	96. 31 ***	110. 69 ***
r2_p	0. 091	0. 108

注：$*p < 0.1$，$**p < 0.05$，$***p < 0.01$。

列（2）为基于模型（4－11）对 H4.5 的检验结果，可以看到业绩同 7 名与
会委员的平均任期的交乘项（TENURE × ROA）的回归系数为 － 16.164，z 值为
－3.66，显著异于零。表明同样的业绩水平，审核的发审委员任期越高时，公司
IPO 申请被否决的概率越低。负债水平同任期之间的交乘项（TENURE × LEV）
的回归系数为 －4.154，而且也显著为负，情形与此类似，表明相同的债务水
平下，与会发审委员的任期越高，公司 IPO 申请被否决的概率也越低。这些结
果表明随着与会委员任期的上升，存在降低过会标准的现象。同样的业绩水平
和债务负担，随着与会发审委员任期的增加，IPO 申请被批准的难度降低了，
假说 4.5 得到了支持。其他变量的结果同列（1）类似，在此不予赘述。

4.4.5 稳健性分析

出于稳健性的考虑，本书除选用 7 名委员的平均任期来度量 TENURE 外，
还选取了这 7 名委员任期的最小值、最大值和中位数进行回归，结果参见表
4.26 和表 4.27。其中表 4.26 为模型（4－10）的回归结果，表 4.27 为模型
（4－11）的回归结果。表 4.26 和表 4.27 的列（1）为用最小值度量进行回归
的结果。二者的列（2）为最大值回归的结果，而列（3）则为中位数回归的
结果。同运用 7 名与会委员的平均任期的结果基本一致，表明发审委员任职的
期限越长，审核的公司过会的概率越高，而随着发审委员任期的延长，发审委
员审核的标准在降低，同样的业绩条件，参与审核的发审委员的任期越长，
IPO 申请被否决的概率会有所降低。

表 4.26 　　　　　　　　　　**模型（4－10）的稳健性检验**

变量	(1) NOPASS	(2) NOPASS	(3) NOPASS
TENURE	－ 0.528 ** (－ 2.54)	－ 0.326 ** (－ 2.48)	－ 0.293 (－ 1.57)
ROA	－ 5.548 ** (－ 2.45)	－ 5.625 ** (－ 2.48)	－ 5.503 ** (－ 2.41)
LEV	0.810 (0.80)	0.871 (0.86)	0.808 (0.80)

续表

变量	（1） NOPASS	（2） NOPASS	（3） NOPASS
GROWTH	− 0. 234 （− 0. 66）	− 0. 202 （− 0. 58）	− 0. 219 （− 0. 63）
BIGUNDR	− 0. 080 （− 0. 47）	− 0. 066 （− 0. 39）	− 0. 080 （− 0. 46）
BIG10	0. 094 （0. 52）	0. 137 （0. 75）	0. 112 （0. 62）
TUNNEL	1. 653 （0. 84）	1. 710 （0. 88）	1. 507 （0. 77）
INVTURN	− 0. 001 （− 0. 21）	− 0. 001 （− 0. 27）	− 0. 001 （− 0. 27）
ACRECTURN	0. 003 ** （2. 09）	0. 003 ** （2. 19）	0. 003 ** （2. 20）
AGENCY	1. 472 （1. 19）	1. 447 （1. 17）	1. 495 （1. 22）
TACC	2. 689 * （1. 68）	2. 660 * （1. 66）	2. 758 * （1. 73）
MARGIN	0. 186 （0. 24）	0. 235 （0. 30）	0. 127 （0. 16）
SIZE	− 0. 651 *** （− 3. 12）	− 0. 672 *** （− 3. 20）	− 0. 668 *** （− 3. 17）
FSHR	0. 113 *** （2. 58）	0. 111 *** （2. 59）	0. 112 *** （2. 61）
FSHR2	− 0. 001 ** （− 2. 47）	− 0. 001 ** （− 2. 49）	− 0. 001 ** （− 2. 52）
BAL	0. 732 ** （2. 55）	0. 717 ** （2. 57）	0. 729 *** （2. 59）
SENTIMENT	11. 269 *** （2. 65）	14. 276 *** （3. 38）	12. 147 *** （2. 89）

续表

变量	（1） NOPASS	（2） NOPASS	（3） NOPASS
BULL	−0.647 ** （−2.03）	−0.667 ** （−2.11）	−0.619 * （−1.94）
SOE	0.081 （0.25）	0.072 （0.22）	0.095 （0.29）
FTIME	0.371 （0.95）	0.344 （0.88）	0.377 （0.96）
PLACE1	−0.234 （−0.76）	−0.226 （−0.73）	−0.231 （−0.75）
PLACE2	0.074 （0.21）	0.075 （0.21）	0.059 （0.17）
MARKET1	−0.623 ** （−2.45）	−0.640 ** （−2.54）	−0.741 *** （−2.79）
行业和年份	控制	控制	控制
_cons	6.137 （1.23）	5.897 （1.19）	6.054 （1.20）
N	1131	1131	1131
chi2	95.76 ***	100.63 ***	92.37 ***
r2_p	0.091	0.091	0.087

注：$*p<0.1$，$**p<0.05$，$***p<0.01$。

表 4.27　　　　　　　模型（4−11）的稳健性检验

变量	（1） NOPASS	（2） NOPASS	（3） NOPASS
TENURE	5.166 *** （3.71）	1.150 （1.32）	3.009 ** （2.23）
TENURE × ROA	−19.948 *** （−3.80）	−5.679 ** （−2.18）	−11.570 ** （−2.45）
TENURE × LEV	−5.967 *** （−3.11）	−1.399 （−1.24）	−3.122 * （−1.75）

续表

变量	(1) NOPASS	(2) NOPASS	(3) NOPASS
TENURE × GROWTH	−0.779 (−0.71)	−0.041 (−0.11)	−0.709 (−0.94)
ROA	17.989 *** (2.83)	4.543 (0.91)	10.450 * (1.70)
LEV	8.165 *** (3.02)	3.449 (1.43)	5.275 * (1.93)
GROWTH	0.637 (0.52)	−0.155 (−0.21)	0.711 (0.75)
BIGUNDR	−0.018 (−0.10)	−0.068 (−0.39)	−0.060 (−0.35)
BIG10	0.071 (0.38)	0.118 (0.65)	0.069 (0.38)
TUNNEL	1.198 (0.61)	1.521 (0.78)	1.296 (0.67)
INVTURN	−0.001 (−0.17)	−0.001 (−0.34)	−0.001 (−0.34)
ACRECTURN	0.003 ** (2.06)	0.003 ** (2.20)	0.003 ** (2.29)
AGENCY	1.445 (1.12)	1.481 (1.18)	1.530 (1.20)
TACC	2.729 * (1.71)	2.591 (1.58)	2.634 * (1.67)
MARGIN	0.177 (0.22)	0.170 (0.22)	0.163 (0.21)
SIZE	−0.679 *** (−3.26)	−0.672 *** (−3.20)	−0.686 *** (−3.24)
FSHR	0.113 ** (2.46)	0.113 *** (2.60)	0.114 *** (2.59)

变量	（1） NOPASS	（2） NOPASS	（3） NOPASS
FSHR2	-0.001^{**} （-2.42）	-0.001^{**} （-2.50）	-0.001^{**} （-2.57）
BAL	0.708^{**} （2.30）	0.723^{**} （2.53）	0.700^{**} （2.40）
SENTIMENT	11.576^{***} （2.63）	13.781^{***} （3.26）	11.210^{***} （2.60）
BULL	-0.662^{**} （-2.00）	-0.660^{**} （-2.08）	-0.616^{*} （-1.89）
SOE	-0.012 （-0.04）	0.068 （0.21）	0.043 （0.14）
FTIME	0.298 （0.76）	0.341 （0.87）	0.381 （0.98）
PLACE1	-0.166 （-0.54）	-0.250 （-0.80）	-0.261 （-0.84）
PLACE2	0.172 （0.49）	0.063 （0.18）	0.053 （0.15）
MARKET1	-0.659^{***} （-2.59）	-0.627^{**} （-2.50）	-0.766^{***} （-2.92）
行业和年份	控制	控制	控制
_cons	-0.206 （-0.04）	3.292 （0.65）	1.871 （0.37）
N	1131	1131	1131
chi2	104.06^{***}	105.28^{***}	100.68^{***}
r2_p	0.112	0.096	0.099

注：$*p<0.1$，$**p<0.05$，$***p<0.01$。

此外，从这些结果还可以看出，相比其他度量方法，运用 7 名委员任期的最小值来度量与会发审委员的任期特征（TENURE），进行 LOGIT 回归的结果显著性更高。可能的原因在于发审委制度的设计要求公司成功过会需要至少 5

名发审委员投赞成票，任职时间越短的发审委员严格审核的动机最强烈，其投票的意愿对审核结果的影响程度更大。

4.4.6　本节结论

本节研究了与会发审委员的任期同公司 IPO 申请获得通过概率之间的关系。实证的结果表明与会发审委员的任期越长，发审委员对公司过会的要求越低。在公司的业绩和负债水平相当的情况下，与会发审委员的任期越长，成功通过发审会的概率越高。这些结果表明随着发审委员的委员生涯步入尾声，发审委员降低了审核的标准。

4.5　本 章 小 结

本章运用股权分置改革后 2006 年 6 月 2 日至 2012 年 10 月 10 日发审委审核 IPO 申请为样本，检验发现经由同发审委员间接关联越多的承销商承销的公司，IPO 申请更容易获得通过，而且这种关联关系只有在关联的发审委员参加了申请人的发审会时才作用明显。表明发审委员存在借由纳伪来攫租的行为，通过了一些未达到审核标准的 IPO 申请。同时，证监会对发审委员的审核质量有一定的了解，经由那些较少被证监会续聘，最终任期较短的发审委员审核的公司，在上市当年业绩发生"变脸"的概率相对更高。证监会对发审委员存在考核，因而发审委员有认真审核的动机。故而，发审委员在选择审核标准时，需要在寻租机会和问责压力之间进行平衡。但受到最大可能任期制度安排的限制，随着发审委员任期的延续，寻租的动机却在增强，而被问责的压力却在降低，故而发审委员在发审委员生涯后期，特别是处在自身最大可能任期时，会降低审核的标准。当与会发审委员的任期越大时，IPO 申请获得通过的概率越高。

第 5 章

发审委员的任期和 IPO 定价及市场表现

第 4 章的研究发现，随着发审委员任期的推移，发审委员所采用的审核标准呈现出"前高后低"的特征，这必然会造成在不同时期过会公司质量的差异。本章在此基础上，主要研究发审会与会委员的任期同被审核的公司 IPO 时的抑价之间的关系，具体包括 3 节。其中 5.1 节主要分析与会委员的任期同新股发行价格之间的关系，而在 5.2 节中则主要检验与会委员的任期同新股上市首日抑价之间的关系，5.3 节为本章小结。

5.1 发审委员任期对新股发行的影响

5.1.1 制度背景

我国的新股发行价确定方式经历了多次变迁，但基本可分为市场主导定价和行政主导定价两种。我国的股票交易市场设立于 1989 年，早期的新股定价一般依照规定的市盈率来确定，投资者只能按照"已定发行价格"① 来申购。发行的市盈率被限定在 15 倍左右。② 其间曾于 1994 年下半年至 1995 年年初，

---

① 中国证券监督管理委员会，中国证券监督管理委员会关于下发《关于股票发行与认购办法的意见》的通知，1995 – 10 – 20.

② 孟建军等. 我国上市公司 IPO 制度创新研究，上证联合研究计划第十一期课题报告，2004 – 07.

在海南金盘实业①、哈尔滨岁宝热电②、厦门华侨电子③和青海三普药业④4 家公司的 IPO 过程中试点过竞价发行的方式。但"由于当时竞价时只设底价而不设价格上限"⑤，造成了投机严重，上市首日都跌破了发行价，试点随即停止。

　　1999 年 7 月 28 日证监会发布了《中国证券监督管理委员会关于进一步完善股票发行方式的通知》，在原先固定价格的基础上，首次引入了价格区间的概念，在行政指导定价的基础上，开始尝试给予市场定价一定的空间。对于股本在 4 亿元以上的公司发行时需沿用《关于股票发行与认购方式的暂行规定》的规定，以确定价格在网上定价发行，但股本小于 4 亿元的公司，则可采用网下配售和上网发行并存的方式进行，IPO 公司和承销商可以首先设定价格区间，在推介之后再确定发行价格，但价格区间依然需要得到"证监会的核准"。在 2000 年 4 月，取消了对股本 4 亿元的限制，将之推广到了全部的 IPO 公司⑥。同年 4 月份，开始在上市公司增发的过程中试行网上和网下的"累计投标询价"制⑦，"发行人和主承销商可以在定价底线之上（包括定价区间），通过累计计算对应不同价格的公众投资者和机构投资者的申购数量之和，按总申购量超过发行量的一定倍数，来确定发行价格以及配售与公开发行的数量"。而在 2001 年 11 月，在 IPO 暂停近 3 个月后，在北京华联的 IPO 定价中，开始首次采用全部"网上累计投标询价"的方式⑧，而未进行网下配售。此情形一直持续到 2005 年。

　　在新股发行暂停约 1 年后，2004 年 12 月 7 日证监会发布了《中国证券监

---

　　①　中国证券监督管理委员会，中国证券监督管理委员会关于同海南金盘实业有限公司采用竞价方式进行股票发行试点的批复，1994 - 06 - 03.

　　②　中国证券监督管理委员会关于同意哈尔滨岁宝热电股份有限公司采用竞价方式进行股票发行试点的批复，1994 - 06 - 17.

　　③　中国证券监督管理委员会关于同意厦门华侨电子股份有限公司用竞价方式发行社会公众股股票的批复，1995 - 01 - 06.

　　④　中国证券监督管理委员会关于同意青海三普药业股份有限公司用竞价方式发行社会公众股股票的批复，1995 - 01 - 03.

　　⑤　中国证券监督管理委员会，新股发行上网竞价方式指导意见（公开征求意见稿），2001 - 05 - 18.

　　⑥　中国证券监督管理委员会，关于修改《关于进一步完善股票发行方式的通知》规定的通知，2000 - 04 - 04.

　　⑦　中国证券监督管理委员会，关于发布《上市公司向社会公开募集股份暂行办法》的通知，2000 - 04 - 30.

　　⑧　中新网，新股发行重新启动，北京华联将发 5000 万 A 股，2001 - 11 - 2. http：//www. people. com. cn/GB/jinji/35/159/20011102/596450. html.

督管理委员会关于首次公开发行股票试行询价制度若干问题的通知》，并于2005 年 1 月 1 日开始实施。要求发行人和保荐机构应该通过向机构投资者询价的方式来确定股票发行价格，而且需要"公告发行价格和发行市盈率"。尽管仍然通过累计投标询价来确定发行价格，但增加了网下的初询环节以帮助确定发行价格区间。此外明确要求在"发行价格区间、发行价格及相应的发行市盈率确定后，发行人及其保荐机构应将其分别报中国证监会备案并公告"①。在此期间，A 股市场进行了股权分置改革，IPO 再次暂停了一年之久。

此后，累计询价制度作为确定发行价的主要形式被确立下来，但证监会会基于资本市场的情况加以行政管制的情形也依然存在。2006 年 5 月 26 日 IPO 重启②，尽管仍然采用累计询价的形式来确定发行价，但由于股改后市场热情高涨，投机严重，为抑制投机，新股发行的市盈率上限被限制在 30 倍左右（刘煜辉，沈可挺，2011），新股的发行价格实际上受到了行政管制。

2009 年 6 月 10 日，随着《关于进一步改革和完善新股发行体制的指导意见》的发布，市场化定价的改革方向得以明确，询价机制也被进一步完善。强调了询价过程中，报价需要具有一致性，杜绝此前存在的"高报不买和低报高买"现象，还要求"发行人及其主承销商应当根据发行规模和市场情况，合理设定每笔申购的最低申购量"。网上和网下申购对象被分离开，限制了此前网下配售对象依然可以参与网上申购的情形，并对网上申购账户设定了上限，以使中小投资者有更多的机会认购新股。③ 此阶段一直持续到 2010 年 11 月 23 日，此阶段证监会没有对发行价做出上限的要求，一般被认为市场化定价阶段，但此阶段在询价的过程中公司并不公告初询的结果，披露的情况沿用了《中国证券监督管理委员会关于做好询价工作相关问题的通知》中的要求，只是披露"初步询价基本情况，包括询价对象的数量和类别，询价对象的报价总区间（最高、最低报价），询价对象报价区间上限按询价对象机构类别的分类统计情况，发行价格区间及确定依据，发行价格区间对应的摊薄前后的市盈率区间等"④。

2010 年 10 月，证监会发布了《中国证券监督管理委员会关于深化新股发

---

① 中国证券监督管理委员会关于首次公开发行股票试行询价制度若干问题的通知，2004 – 12 – 07.

② 中国证券监督管理委员会，中国证券监督管理委员会关于做好新老划断后证券发行工作相关问题的函，2006 – 05 – 29.

③ 中国证券监督管理委员会，关于进一步改革和完善新股发行体制的指导意见，2009 – 06 – 10.

④ 中国证券监督管理委员会，中国证券监督管理委员会关于做好询价工作相关问题的通知，2006 – 05 – 29.

行体制改革的指导意见》，新股发行体制第二阶段改革启动，对询价制度做了进一步的调整，再次强调"在中小型公司新股发行中"，每笔网下配售的配售量应合理设定，对入围机构进行"随机摇号配售"，而此前只要报价高于发行价的机构投资者，都可获得配售①；扩充了参与网下发行的投资者，允许承销商"自主推荐一定数量的具有较高定价能力和长期投资取向的机构投资者"，并通过信息披露提高了询价的透明度，要求"发行人及其主承销商应当在发行价格确定后，披露网下申购情况、网下具体报价情况，主承销商须披露在推介路演阶段向询价对象提供的对发行人股票的估值结论、发行人同行业可比上市公司的市盈率或其他等效指标"。同时在《证券发行与承销管理办法》的修改中也增加了此项披露的要求②，并对回拨机制也进行了完善③，至 2010 年 11 月 23 日，公司开始对初询的信息进行完整的披露，需要向投资者披露参与初询机构的名称，所属单位的名称，以及拟购买的数量和相应的价格，此阶段大大提高了初询的透明度。

　　2012 年 4 月 28 日开始第三阶段新股发行体制改革，此阶段重新对发行价格进行了约束，要求发行价格不得超过行业的 1.25 倍，否则需要董事会批准和独立董事发表意见，并报证监会批准。此阶段证监会还进行非公开的"窗口指导"来对新股定价进行监管。此外，相比之前网下发行的配售对象所持有的股份在上市后需要锁定 3 个月，此阶段不再硬性要求，改为发行人和配售对象协商确定锁定期限，事实上等于网下配售股份不再具有锁定期。但在此后相当长的时间里，新股发行暂停。

5.1.2　研究假说

　　目前国内已有的关于新股抑价的研究大都集中在新股的上市首日表现上。这些研究大都沿用了国外的相关研究的思路，认为新股抑价的产生主要源自参与 IPO 各方之间的信息不对称。但我国的新股定价机制，同国外发达资本市场的定价机制存在差异。国外已有研究新股抑价都基于 IPO 的发行价格是利益相

---

① 王凯蕾. 新股发行体制改革剑指三高，促询价自律，新华每日电讯，2010－8－23.

② 中国证券监督管理委员会，中国证券监督管理委员会关于修改《证券发行与承销管理办法》的决定（2010），2010－11－1.

③ 中国证券监督管理委员会，中国证券监督管理委员会关于深化新股发行体制改革的指导意见，2010－11－01.

关的各方博弈的结果，是比较公允的价格。而由于我国一级市场和二级市场的隔离，特别是一级市场主要由机构投资者等成熟的投资者构成，而个人投资者基本不能直接参与一级市场①。研究我国新股的首日抑价，一级市场的定价自然不能忽略。

已有的少量关于一级市场定价的研究发现，一级市场的定价实际上是相对有效的（周孝华等，2006；曹凤岐和董秀良，2006；刘煜辉和沈可挺，2011）。如刘煜辉和沈可挺（2011）运用随机前沿分析的方法估计了 IPO 潜在最大发行价格，认为一级市场的发行价格并没有被显著压低。新股发行价格被抑制并不是我国新股上市首日高收益的主要原因，而更可能是二级市场的溢价。但更多的研究者认为一级市场的价格被人为压低，IPO 活动的管制是其中的主要因素。具体而言，一些学者认为这种管制是由于发行定价过程中的行政管制，如市盈率上限的设置和非正式的窗口指导（Chen 等，2014）等，这些活动导致发行价格无法反映企业真实的价值，从而导致了这些公司的股票在二级市场交易时被抑制的价值释放，产生了高的首日表现（田利辉，2010）。市场化定价将有助于改善此类行为，这也是新股定价的改革方向。但也有研究者运用管制经济学的思想来研究一级市场，认为除了新股定价存在管制外，新股的准入制本身也是典型的管制行为。IPO 市场的准入限制，导致了新股供应不足，实际的发行价格和可能的通过市场定价方式确定的发行价之间的价差，是一种经济租。新股上市后的抑价被认为是发行人向大型申购者让渡的"租金"（朱红军，钱友文，2010），在询价制改革中，赋予了大型申购者更多的议价能力，导致了发行价格进一步被抑制，从而抑价更高。

由于新股的真实价值难以确定，使得对一级市场价格的判断缺乏客观的基准，研究较难有统一的结论。一些研究者转而深入分析一级市场价格的形成过程，分析承销商在其中的行为。邵新建等（2013）发现承销商虽然没有新股的分配权，但承销商在投资者情绪高涨时会确定更高的发行价。吴文斌和李曜（2012）也认为承销商可以通过对报价区间的设计来左右投资者的报价，从而影响发行价。

发审会与会委员作为证监会的专业人员和证监会聘请的专家，其基本的职责在于代表投资者对拟 IPO 的公司进行审核，从形式审查和商业判断两个维度来为投资者保驾护航，一方面考察申请人是否真实有效地披露了有助于

---

① 2012 年 5 月 18 日《关于修改〈证券发行与承销管理办法〉的决定》颁布，才允许个人投资者经由券商推荐进入一级市场参与询价发行。

投资者决策的信息；另一方面还需要判断拟 IPO 公司是否符合国家的产业政策、能否为投资者创造收益等，以此来保障投资者，特别是中小投资者的利益，促进资本市场的健康有效发展。作为投资者的代言人，发审委在一定程度上承担着投资者和发行人之间桥梁的作用，其行为很可能也对发行价格造成一定的影响。

　　发审委员在发审会上的投票意见是发审委员发挥作用的主要形式，可以通过投否决票，直接将那些自身认为不符合 IPO 要求的公司拒之门外。此外，发审委员还可以在发审会上就申请人可能存在的问题进行问询。即使公司最终顺利地通过了发审会，发审委员们在发审会上提及的问题也仍然需要拟 IPO 公司和保荐代表在会后做出正式的书面回复。证监会对之也进行了明确的规定："在对拟发行公司的申请文件进行封卷时，拟发行公司应提供经中国证监会审核、根据发审委意见修改并经全体董事签署的招股说明书或招股意向书（封卷稿）"①，明确要求拟发行公司在正式发布招股说明书之前，需要按照发审委的意见进行修改。而保荐机构也需要对发行人"持续追踪"，确保发行人对"发审委意见落实"②。拟 IPO 公司和承销商，以及相关的律师事务所等金融中介通过回复"发审委会议审核意见的函"，在补充的法律意见书和保荐工作报告中对发审委员在发审会上的意见进行回应和改正。这些回应常常包括了对发审委员所关心的关联交易、控制人股权等信息的披露，对于降低投资者的风险具有一定的意义，而且还可能涉及对一些潜在隐患的消除，如对可能发生关联交易的关联公司的注销等③，对提升公司的质量也显然会有裨益。

　　作为投资者的代言人，发审委员是发行人和承销商了解投资者需求最直接的信息源之一。与会的发审委员如若严格审核，一方面，由于发审委员的高标准严要求，自然能过滤掉很多低质量的公司，能够顺利过会的公司属于优质公司的概率显然更高；另一方面，问询环节能降低发行人、承销商和投资者之间的信息不对称程度。发审委员在发审会上所提的问题能让发行人和承销商更好地了解投资者对发行人的担心和顾虑，以及自身实际情况是否符合要求等。如

---

　　①　中国证券监督管理委员会，关于加强对通过发审会的拟发行公司证券的公司会后事项监管的通知，2002 - 02 - 03.

　　②　中国证券监督管理委员会，关于进一步加强保荐业务监管有关问题的意见，2012 - 3 - 15.

　　③　"国浩律师（上海）事务所关于无锡雪浪环境科技股份有限公司首次公开发行股票并在创业板上市的补充法律意见书（四）"中对关联公司的处理。

果发审委员严格审核，过会公司和承销商将会发现发行人的资质已经能符合众多严格的上市条件要求，从而对发行人自身的质量会有更清楚的认识，而且在发审委员意见的帮助下，甚至还能提升公司质量。严格审核的发审会在某种程度上就具有了对过会公司投资价值背书的作用，将对发行人和承销商成功发行的信心有所帮助。反之，如果发审委员并不认真履行职责，这将导致不符合标准或者质量一般的公司通过发审会。而且在发审会环节，可能也无法向发行人和承销商提供同投资者相关的有用信息和改善意见，对于降低投资者和发行人、承销商间信息不对称程度的作用也就有限，自然也就无法提升发行人和承销商对 IPO 的信心。

除此之外，考虑到发审会的重要性和特别设计的 IPO 问询环节，参加发审会还可能会对发行人和承销商的心理产生影响。依据认知失调理论（Cognitive dissonance），通过难度大的考试，可以提升考试通过者的自信（Barreto et al.，2006），而如果一项资质和资格获得的难度越大，获取人对之就越看重（Aronson and Mills，1959；Cialdini，2003；黄亮华等，2013）。IPO 资格的获得，经历了漫长的准备过程和发审会环节的专家询问和投票，这一特殊的经历也极可能对发行人和承销商，特别是发行人心理对上市资格的认知。发审会审核的越严格，越能提升发行人和承销商对发行人质量的自信，甚至出现"待价而沽"的心理。

发审会除了增进发行人和承销商对投资者的了解，以及提升发行人对自身质量的认知外，也有助于投资者了解发行人。对投资者而言，发审会还可能具有一定的信号作用。由于发审委员对 IPO 具有否决权，发审委员的一举一动一直都备受公众的关注。如果公司经由这些发审委员审核过会，对外能释放出高质量公司的信号，无形中就获得了发审委员对公司质量的背书保证，对投资者而言投资的风险更小。如若发审会审核并不严格，由于缺少了发审委员对之的筛选，投资者在投资时需要自身收集更多的信息，以降低和规避选择低质量公司的风险。

发审会与会委员所在任期对其审核的严格程度有着重要的影响，而且即使是审核一贯严格的发审委员，在任职的后期也可能会出于各种原因而降低标准[①]。因而，与会发审委员所处的任期同申请人的质量、发行的信心之间也就存在联系，进而可能会影响到发行价格。尽管我国一级市场的发行价格存在行

---

① 蔡俊. 媒体指前发审委员操舰放行 7 个问题项目，其人以严格著称［N］. 理财周报，2013 - 08 - 12.

政管制，但这从定价改革的历程可以看出，IPO 的过程中发行人和承销商一直都保有一定的定价权利，即使在管制严格的阶段，也只是对发行上限做了约束，并没有完全限定最终的发行价格。

已有的国外研究表明，承销商会倾向于选择较低的发行价来创造超额需求，承销商可以籍此为自己创造挑选投资者的机会（Booth and Chua，1996；Ritter and Welch，2002），甚至存在"钓鱼"和"造梯"等损害中小投资者利益的 IPO 行为[1]。从我国新股发行的具体过程来看，无论是第二阶段新股发行制度改革启动前对询价对象按比例分配，还是改革后通过抽签摇号来配售，尽管承销商一直没有获得新股的直接分配权，但承销商在新股发行的过程中却仍然具有一定的主动权。承销商可以通过设定"每笔申购的最低申购量"和发行价格区间来筛选机构投资者。

以下以 2012 年 IPO 的金河生物（002688）的初询为例[2]来进行说明（见表 5.1）。该公司 IPO 拟网下发行 1362 万股，承销商将配售和申报的最小单位定为 113.5 万股。从披露的询价明细来看，最低的报价为 9.01 元，最高的报价为 20 元，即使以最低的 9.01 元估计，单笔询价的最低金额要求约为 1000 万元。最终的协商定价为 18 元，在抽签决定配售对象时，依据初询的结果，报价在发行价之上的申购均获得了配号资格，故一共配号 85 个，最终抽签决定实际获得配售的 8 笔申购，从最后的结果来看，每个投资者最多只获得了一个配号，成功申购了 113.5 万股。而如果将发行价格调高 0.2 元，受新的有效申购价格的限制，可配号数将降为 42 个，假使发行量保持不变，将依然有 8 个配号会中签，每个配号中签的概率将提升约 50%。可见，承销商可以通过在定价的过程中调整发行价来控制投资者中签的概率。在其他情形保持不变的情形下，发行价格定得越高，有效申购的投资者中签的概率相对就越高。除了确定发行价外，承销商还可以通过调整每笔申购的最小单位来调整投资者中签的概率。依然以金河生物（002688）为例，如果将每笔询价单位的最低金额提升一倍，此时最低申购金额将升至约 2000 万元，那些原先只申购了最低金额的投资者如果不调整申购意愿，将直接被过滤掉。而从配号的情况来看，此时将只有 4 个有效号码获得配售，意味着最终只能有 4 名投资者能够成功获得配售，而在先前的方案下有 8 名投资者获得配售。

---

[1]　SEC NEWS RELEASE 2002 - 14，http：//www. sec. gov/news/press/2002 - 14. txt.

[2]　金河生物（002688）首次公开发行初步询价及推介公告，2012 - 6 - 25.

表 5.1 金河生物 （002688） 的初询情况

申购价格	申购（万股）	签数	发行价 18.00	发行价 18.20
20	1362	12	1	1
19.5	454	4	1	1
18.5	567.5	5	1	1
18.2	2383.5	21	1	1
18	4880.5	43	1	0
17.8	227	2	0	0
17	2837.5	25	0	0
16.8	794.5	7	0	0
16.5	2043	18	0	0
16.48	681	6	0	0
16	6923.5	61	0	0
15.8	681	6	0	0
15.5	454	4	0	0
15.2	340.5	3	0	0
15	2043	18	0	0
14.11	1362	12	0	0
14	3178	28	0	0
13.5	567.5	5	0	0
13	567.5	5	0	0
12	1475.5	13	0	0
10	340.5	3	0	0
9.01	4086	36	0	0
总计	38249.5	337	—	—

可见最低申购量和价格的设定，可以帮助承销商限定最终能够成功认购的投资者人数和每位投资者可持有的股份数。如果均设定得相对较高，将让更少的投资者成功认购到新股，个体投资者持有的股份数也更多。布思和蔡（Booth and Chua, 1996）研究了美国市场的 IPO，也发现为了降低企业上市后股票的流动性风险，承销商会采用相同的低价策略，让更多的投资者持股以分散股权。

综上，发审会的投票结果和发审会上发审委员和发行人、承销商间的互动能增进发行人、承销商和投资者之间的了解。如果发审委员审核越严格，发行人和承销商成功 IPO 的信心越强，将更可能确定相对高的发行价，网下有效申购的倍数将更低，网下中签率相对更高。而网上申购的情形则相对复杂，由于网上申购的投资者没有议价权，均按照确定的价格进行申购。如果拟发行的公司被严格审核，向投资者传递出高质量公司的信号，那么投资者将有更高的申购热情，但考虑到此时发行价也相对提高，综合起来很难预测网上申购投资者的行为，发审会的审核严格程度对网上申购行为影响的方向将很难判断。故而在此提出如下待验的假说：

H5.1a. 出席发审会的与会委员任期越高，发行价格越低；

H5.1b. 出席发审会的与会委员任期越高，网下中签率越低；

H5.1c. 出席发审会的与会委员任期越高，网上中签率越高。

5.1.3　研究设计

对于发行价高低的衡量，考虑到我国行政管制主要从发行时的市盈率方面进行，沿用郭泓和赵震宇（2006）、李冬昕等（2014）的研究所使用的方法，选用发行时的市盈率来衡量。运用式（5-1）来检验假说 H5.1a。如果 H5.1a 成立，那么与会发审委员的任期（TENURE）对发行时的市盈率（LstPE）回归的系数将显著为负，参与公司发审会的发审委员越处于自身任职的初期，审核得越严格，过会公司会选择相对高的市盈率发行。

控制变量主要包括市场的宏观环境和公司的个体特征。宏观环境方面考虑到发行择时现象，控制了投资者的情绪（SENTIMENT）和市场的牛熊（BULL），前一指标运用封闭式基金的折价率来度量（Lee 等，1991；伍燕然，韩立岩，2007），后一指标采用帕干和索瑟诺夫（2003），权小锋等（2012）对于市场牛熊分类的算法。此外考虑到申购金额通常较大，可能会受到货币市场整体流动性的影响，引入了货币供应（BANKERLIQ）指标进行控制，取值为每季度公布的银行家货币政策感受指数，并对发行规模本身（IPOSIZE）也进行了控制。此外有文献认为承销商的声誉对新股的市场表现存在影响（郭泓，赵震宇，2006；徐浩萍，罗炜，2007），因而对承销商声誉（BIGUNDR）进行了控制，同时对于提供 IPO 审计服务的会计师事务所的声誉（BIG10）也进行了控制。公司个体特征方面，主要有公司的财务状况和公司治理特征两类，财务状况包括公司规模（SIZE）、资产负债率（LEV）、公司业绩（ROA），以及公司业务的成长性（GROWTH）。公司的治理特征则包括公司第一大股东持股比例（FSHR）和股权制衡度（BAL）。此外，考虑到公司的所有权归属、所属地域和拟发行的市场可能也会影响到公司的发行价格，对是否国有（SOE）、所属地区（PLACE）和上市的板块（MARKET）、行业和年份也进行了控制。对于发审委员特征，考虑到关联发审委员的影响，对关联的审计师发审委员人数（AUDNUM）也进行了控制。

考虑到我国的新股发行定价的政策变化频繁，依照不同的政策时期，对之设置了一组虚拟变量进行控制。新股发行定价的政策大体可以分为四个阶段①，第一阶段是 2009 年 6 月 10 日之前，被认为是我国新股发行价实施行政管制的时期，此时要求 30 倍市盈率发行，此为阶段 1，变量 POLICY1 取值为 1；随着《关于进一步改革和完善新股发行体制的指导意见》的发布，直至 2010 年 11 月 23 日，此阶段证监会没有对发行价做出上限的要求，一般被认为是市场化定价阶段，但此阶段在询价的过程中公司并不公告初询的结果，只披露初询的价格区间。此为阶段 2，变量 POLICY2 取值为 1。从 2010 年 11 月 23 日开始，公司开始对初询的信息进行完整的披露，需要向投资者披露参与初询机构的名称，所属单位的名称，以及拟购买的数量和相应的价格，此阶段大大提高了初询的透明度，此为阶段 3，变量 POLICY3 取值为 1。2012 年 4 月 28 日开始第三阶段新股发行体制改革，此阶段重新对发行价格进行了约束，要求发行价格不得超过行业的 1.25 倍，否则需要董事会批准和独立董事发表意见，并报证监会批准。此阶段证监会还进行非公开的"窗口指导"来对新股定价进行监管。此外，相比之前网下发行的配售对象所持有的股份在上市后需要锁定 3 个月，此阶段对之不再硬性要求，改为由发行人和配售对象协商确定锁定期限，事实上等同于网下配售股份不再具有锁定期，此后相当长的时间里，新股发行暂停，此为本研究的阶段 4，变量 POLICY4 取值为 1。具体各变量的定义和计算可参见表 5.2。

$$lstPE = \alpha + \beta_1 TENURE + \beta_2 AUDNUM + \beta_3 BANKERLIQ + \beta_4 IPOSIZE$$
$$+ \beta_i \sum_{i=1}^{4} POLICY_i + \beta_5 BIGUNDR + \beta_6 BIG10 + \beta_7 GROWTH$$
$$+ \beta_8 SIZE + \beta_9 LEV + \beta_{10} ROA + \beta_{11} FSHR + \beta_{12} BAL + \beta_{13} SOE$$
$$+ \beta_{14} SENTIMENT + \beta_{15} BULL + \beta_{16} PLACE1 + \beta_{17} PLACE2$$
$$+ \beta_{18} MARKET1 + \sum_{i=1}^{n} controls_i \qquad (5-1)$$

除了直接比较发行时的市盈率外，本书还选用了网下中签率（OFFNET_RT1）这一间接指标来度量。具体的，运用式（5-2）用来检验假说 H5.1b。如果该假说成立，那么与会发审委员的任期（TENURE）和网下中签率（OFFNET_RT1）的回归系数将显著为负。参与公司审核的发审委员越处于自身任职后期，

_____

① Chen, J., et al., 2014, IPO offer price regulation, financial reporting quality, and IPO overpricing., 2014. http://papers.ssrn.com/sol3/papers.cfm? abstract_id = 2475785.

承销商未能借由发审会来获得足够关于投资者需求的信息，投资者遇到过会公司质量不佳的概率也越高等。考虑到这些风险，将会为此会确定一个相对低的发行价格来提高有效申购的比例，降低投资者的网下中签率，配售给更多的投资者。

$$OFFNET\_RT1 = \alpha + \beta_1 TENURE + \beta_2 AUDNUM + \beta_3 BANKERLIQ + \beta_4 IPOSIZE$$
$$+ \beta_i \sum_{i=1}^{4} POLICY_i + \beta_5 BIGUNDR + \beta_6 BIG10 + \beta_7 GROWTH$$
$$+ \beta_8 SIZE + \beta_9 LEV + \beta_{10} ROA + \beta_{11} FSHR + \beta_{12} BAL + \beta_{13} SOE$$
$$+ \beta_{14} SENTIMENT + \beta_{15} BULL + \beta_{16} PLACE1 + \beta_{17} PLACE2$$
$$+ \beta_{18} MARKET1 + \sum_{i=1}^{n} controls_i \qquad (5-2)$$

运用式（5-3）来检验假说 H5.1c。该式基本沿用了前式的解释变量，考虑到此时发行市盈率（LstPE）已经公开，可能影响到网上投资者的申购行为，因此对之也进行了控制。如果该假说成立，那么任期（TENURE）和网上申购的中签率（ONNET_RT1）的回归系数将显著为正，表明参与公司审核的发审委员的任职届次越高时，投资者遇到公司状况不佳的概率越高，尽管承销商可能从发行价格方面对之进行了相应的调整，但依然无法完全提振投资者的申购热情。反之，如果回归系数显著为正，则说明承销商确定的发行价中调整让渡了部分新股发行收益给参与申购的投资者，如果不显著则表明承销商定价可能较为准确。

$$ONNET\_RT1 = \alpha + \beta_1 TENURE + \beta_2 AUDNUM + \beta_3 BANKERLIQ + \beta_4 IPOSIZE$$
$$+ \beta_i \sum_{i=1}^{4} POLICY_i + \beta_5 BIGUNDR + \beta_6 BIG10 + \beta_7 GROWTH$$
$$+ \beta_{19} lstPE + \beta_8 SIZE + \beta_9 LEV + \beta_{10} ROA + \beta_{11} FSHR + \beta_{12} BAL$$
$$+ \beta_{13} SOE + \beta_{14} SENTIMENT + \beta_{15} BULL + \beta_{16} PLACE1$$
$$+ \beta_{17} PLACE2 + \beta_{18} MARKET1 + \sum_{i=1}^{n} controls_i \qquad (5-3)$$

变量定义见表 5.2。

表 5.2　　　　　　　　　　　　　变量定义

变量	变量含义	变量定义
LstPE	上市时发行市盈率	发行时的每股价格除以上市前一年的每股盈余
ONNET_RT1	回拨前网上申购中签率	回拨前的网上拟配售的股份总数/网上申购股份数
ONNET_RT2	回拨后网上申购中签率	回拨后的网上拟配售的股份总数/网上申购股份数

变量	变量含义	变量定义
OFFNET_RT1	回拨前网下申购中签率	回拨前的网下拟配售的股份总数/有效申购股份数
OFFNET_RT2	回拨后网下申购中签率	回拨后的网下拟配售的股份总数/有效申购股份数
TENURE	发审会成员任期	参加发审会的 7 名发审委员，每人已经连续任职的年份数的均值
POLICY	发行政策	依照新股发行价格和询价信息披露与否划分为四个阶段，每一阶段设置一个虚拟变量
AUDNUM	拟 IPO 公司和发审委计委员关联人数	存在关联定义为发审委员曾任职的会计师事务所至少为拟 IPO 公司所聘请的主承销商所承销的一家拟 IPO 公司提供 IPO 审计服务
BANKERLIQ	货币供应	取值为每季度公布的银行家货币政策感受指数
IPOSIZE	发行规模	预计募资总额的自然对数
BIGUNDR	券商声誉	是否为"十大"券商，判断标准为证券业协会公告的年度营业收入前十名
BIG10	会计师事务所声誉	是否为"十大"会计师事务所，判断标准为注册会计师协会公告的年度营业收入前十名
ROA	财务杠杆	上市前三年平均资产负债率
LEV	财务杠杆	上市前三年平均资产负债率
SIZE	公司规模	上市前三年平均总资产的自然对数
MARGIN	毛利率	（营业收入 – 营业成本）/营业收入，上市前三年的均值
GROWTH	成长性	上市前两年平均的营业收入增长率
FSHR	第一大股东持股比例	上市前一年第一大股东持股比例
BAL	股权制衡度	上市前一年第二大至第十大股东持股比例/第一大股东持股比例
SOE	是否国有	控股股东为国有时取 1，否则为 0
SENTIMENT	投资者情绪	发审会时封闭式基金折价率
BULL	市场牛熊	市场处于牛市时为 1，市场处于熊市时为 0
MARKET1	是否为创业板	如果为创业板则取 1，否则为 0
MARKET2	是否为中小板	如果为中小板则取 1，否则为 0
PLACE1	是否非中西部	如果非中西部则取 1，否则为 0
PLACE2	是否中部	如果为中部则为 1，否则为 0

5.1.4　样本和描述性统计

选取 2006 年新股发行重启以来至 2012 年第三阶段新股发行体制改革之前的这一期间的新股发行和申购数据为样本。其中网上、网下申购的具体数据，包括申购倍数、发行市盈率等取自 Wind 数据库。个体公司特征相关的财务数据和治理特征数据则源自 RESSET 数据。发审会的相关数据和发审委员个人特征源自 Wind 数据，然后据此手工整理了每位与会发审委员的任期，并计算得到发审会 7 名委员与会时的平均任期、最大、最小任期等。所有连续变量都进行了缩尾（winsorize）处理，以消除极端值的影响，回归也进行了异方差的调整。

表 5.3 列出了依照与会发审委员平均任期对询价和申购情况进行分类统计的结果。可以看到当与会发审委员的平均任期大于 2 年时，发行的市盈率相对更低，但网下和网下的中签率也相对更低。

表 5.3　　　　　　　与会发审委员平均任期和询价情况

任期	N	发行市盈率（%）		网下中签率（%）		网上中签率（%）	
		均值	中位数	均值	中位数	均值	中位数
=1	394	49.44	47.86	4.17	1.48	0.82	0.56
≤2	380	45.22	39.93	9.83	6.25	1.23	0.81
≤3	187	41.98	40.43	1.98	0.99	0.54	0.39
全体	961	46.32	43.33	5.98	2.12	0.93	0.60

表 5.4 为主要变量的描述性统计。可以看到回拨前网上中签率（ONNET_RT1）均值为 0.01，中位数为 0.01，而网下有效申购的中签率（OFFNET_RT）均值为 0.06，中位数为 0.02，要高于网上申购的中签率。发行的市盈率均值为 46.32，中位数为 43.33，最高则达到了 112.3，最小值也有 13.63，25% 分位数为 29.96。可见，尽管样本的时间跨度覆盖了我国新股发行制度改革的主要阶段，但新股发行的高市盈率问题一直存在。7 名与会发审委员任期的平均值为 1.56，中位数为 1.57，表明大多数发审会的成员都由 1~2 年任期的发审委员构成，而且存在新老搭配的现象，而最大值为 3，表明也存在全部委员均处于自身最大任期的现象。

表 5.4　　　　　　　　　　　　变量的描述性统计

变量	n	Mean	S. D.	Min	25P	Mdn	75P	Max
ONNET_RT1	961	0.0100	0.0100	0	0	0.0100	0.0100	0.100
ONNET_RT2	961	0.0100	0.0100	0	0	0.0100	0.0100	0.100
OFFNET_RT1	961	0.0600	0.0900	0	0.0100	0.0200	0.0700	0.580
OFFNET_RT2	961	0.0600	0.0900	0	0.0100	0.0200	0.0600	0.560
LstPE	961	46.32	20.25	13.63	29.96	43.33	58.71	112.3
TENURE	961	1.560	0.520	1	1	1.570	2	3
ACCNUM	961	1.990	2.060	0	0	1	3	10
BANKERLIQ	961	53.04	13.05	31.20	39.40	57.90	66.40	72.60
IPOSIZE	961	19.45	0.560	18.46	19.05	19.37	19.76	21.51
BIGUNDR	961	0.360	0.480	0	0	0	1	1
ROA	961	0.140	0.0700	0.0300	0.0900	0.120	0.170	0.380
LEV	961	0.500	0.150	0.150	0.400	0.510	0.610	0.870
SIZE	961	19.63	0.830	17.88	19.09	19.55	20.11	24.44
MARGIN	961	0.340	0.170	0.0700	0.220	0.300	0.440	0.850
GROWTH	961	0.360	0.300	−0.0700	0.190	0.290	0.460	1.770
FSHR	961	49.57	18.53	11.87	35.77	49	63	96.09
BAL	961	1.180	0.860	0.0500	0.530	0.960	1.580	4.360
SOE	961	0.110	0.310	0	0	0	0	1
SENTIMENT	961	0.150	0.0600	0.0600	0.110	0.150	0.190	0.310
BULL	961	0.350	0.480	0	0	0	1	1
MARKET1	961	0.370	0.480	0	0	0	1	1
PLACE1	961	0.780	0.410	0	1	1	1	1
PLACE2	961	0.130	0.340	0	0	0	0	1

　　表 5.5 为变量间的相关系数。可以看到发审委员的任期和发行市盈率是负相关的关系，和网上和网下中签率之间是正相关的关系。主要解释变量之间的相关系数均小于 0.7，回归分析的方差膨胀因子也都小于 10，表明不存在严重的共线性问题。

表 5.5　变量相关系数

变量	ONNET_RT1	OFFNET_RT1	LstPE	TENURE	AUDNUM	BANKERLIQ	IPOSIZE	BIGUNDR	ROA	LEV	MARGIN	GROWTH	SENTIMENT	BULL
ONNET_RT1	1	0.478***	0.064**	0.014	0.072**	-0.093***	0.200***	0.228***	0.005	0.120***	-0.004	0.047	0.104***	-0.343***
OFFNET_RT1	0.698***	1	0.025	0.037	0.276***	-0.065***	0.158***	0.135***	0.051	0.016	0.04	-0.052	0.037	-0.452***
LstPE	0.322***	-0.186***	1	-0.065**	-0.035	0.086***	-0.074**	-0.045	0.147***	-0.161***	0.171***	-0.006	0.028	0.109***
TENURE	0.013	-0.008	-0.064**	1	-0.074**	0.196***	-0.036	-0.025	-0.01	0.01	0.03	0	0.082**	0.100***
AUDNUM	0.072**	0.276***	-0.035	-0.074**	1	0.072**	-0.052	0.260***	0.189***	-0.177***	0.144***	0.117***	-0.270***	-0.262***
BANKERLIQ	0.070**	-0.014	0.083**	0.169***	0.137***	1	-0.057*	-0.022	0.098***	-0.121***	0.066**	0.045	0.344***	0.252***
IPOSIZE	0.188***	0.081**	-0.101***	-0.051	-0.053	-0.069**	1	0.146***	-0.107***	0.265***	-0.183***	-0.032	-0.038	-0.093***
BIGUNDR	0.228***	0.135***	-0.034	-0.018	0.290***	-0.025	0.145***	1	0.036	0.002	0.035	0.097***	0.021	-0.034
ROA	0.005	0.051	0.147***	-0.021	0.171***	0.087***	-0.069*	0.054*	1	-0.721***	0.550***	0.185***	-0.109***	-0.120***
LEV	0.120***	0.016	-0.161***	-0.003	-0.200***	-0.117***	0.276***	0	-0.692***	1	-0.566***	-0.05	0.117***	0.115***
MARGIN	-0.004	0.04	0.171***	0.04	0.144***	0.075**	-0.164***	0.024	0.570***	-0.564***	1	0.131***	-0.092***	-0.103***
GROWTH	0.047	-0.052	0.082**	-0.032	0.147***	0.063*	0.019	0.095***	0.225***	-0.047	0.149***	1	0.004	0.042
SENTIMENT	0.104***	0.037	-0.007	0.076***	-0.256***	0.371***	-0.045	0.017	-0.095***	0.116***	-0.064**	0.034	1	0.688***
BULL	-0.343***	-0.452***	0.136***	0.060*	-0.271***	0.299***	-0.088***	-0.034	-0.116***	0.111***	-0.085***	0.024	0.674***	1

注：$* p<0.1$，$** p<0.05$，$*** p<0.01$。

121

IPO发审委员审核行为及其影响研究

5.1.5　实证结果分析

假说H5.1a的检验结果参见表5.6。可以看到出席发审会的7名委员的平均任期（TENURE）同发行时的市盈率（LstPE）之间是负相关的关系，回归系数为－2.004，t值为－2.05，在5%的显著性水平上显著异于零。表明出席发审会的发审委员的任期值越大时，所审核的公司新股发行市盈率越低，H5.1a得到了支持。其他变量中，可以看到常数项（_CONS）为89.979，且显著异于零，说明我国企业新股发行的市盈率整体较高。发行规模（IPOSIZE）越大，发行的市盈率（lstPE）越高，二者之间的回归系数为6.62（t值为4.98）且显著异于零。发行规模越大，IPO拟筹集的资金规模越大，发行人和承销商面临的销售压力越大，但同时发行人和承销商对公司的质量也更有信心，这可能是二者呈现出正相关关系的一个原因。而IPO前公司的规模（SIZE）的回归系数为－8.898（t值为－7.68），显著为负，表明公司规模越大，发行的市盈率越低。个中原因在于公司规模越大，通常成长性越低。而反映产品竞争程度的营业毛利率（MARGIN）的回归系数为10.915（t值为3.07）显著为正，表明产品的竞争力越强，发行的市盈率相对也越高。此外，反映市场宏观环境的变量中，市场牛熊（BULL）显著为正，回归系数为3.728，表明处于牛市时发行的市盈率要高于处于熊市时的市盈率，公司发行新股时会受到市场宏观环境的影响，这和主流研究认为IPO存在择时的结论是一致的（邵新建等，2010；郭杰和张英博，2012）。另外在对不同定价政策阶段（POLICY）的回归结果中，还可以看到相比其他阶段，第二阶段（POLICY=2）的发行市盈率要明显低于其他阶段，而此阶段是市场化定价的阶段，可见尽管此阶段的平均市盈率要高于其他阶段，但在控制了发行的年份、行业等相关因素后，市场化定价相比其他阶段的市盈率要显著低，回归系数为－9.515，t值为－2.38，说明市场化定价并一定导致发行的高市盈率。

表5.6　　　　　与会发审委员任期和发行市盈率、网下申购中签率

变量	(1) LstPE	(2) OFFNET_RT1	(3) OFFNET_RT2
TENURE	－2.004** (－2.05)	－0.021*** (－4.82)	－0.021*** (－4.82)
AUDNUM	－0.088 (－0.34)	0.002 (1.40)	0.002 (1.43)

122

续表

变量	(1) LstPE	(2) OFFNET_RT1	(3) OFFNET_RT2
BANKERLIQ	−0.259 *** (−4.00)	0.001 *** (3.42)	0.001 *** (3.35)
IPOSIZE	6.620 *** (4.98)	−0.002 (−0.18)	−0.001 (−0.15)
BIGUNDR	1.247 (1.33)	0.003 (0.56)	0.002 (0.48)
BIG10	0.162 (0.17)	−0.009 * (−1.71)	−0.007 (−1.48)
ROA	−59.962 *** (−5.50)	0.169 *** (2.77)	0.157 *** (2.71)
LEV	−4.543 (−0.94)	0.049 * (1.85)	0.047 * (1.85)
SIZE	−8.898 *** (−7.68)	0.023 *** (3.30)	0.022 *** (3.30)
MARGIN	10.915 *** (3.07)	−0.033 ** (−1.97)	−0.026 * (−1.67)
GROWTH	−0.575 (−0.33)	0.015 (1.39)	0.014 (1.40)
FSHR	0.080 * (1.76)	−0.000 (−0.77)	−0.000 (−0.83)
BAL	2.275 ** (2.24)	−0.003 (−0.67)	−0.003 (−0.74)
SOE	1.917 (1.40)	−0.012 ** (−2.11)	−0.011 ** (−2.04)
SENTIMENT	8.097 (0.49)	0.019 (0.21)	0.020 (0.22)
BULL	3.728 *** (2.84)	0.006 (1.30)	0.006 (1.31)
MARKET1	6.042 *** (4.72)	−0.016 ** (−2.38)	−0.014 ** (−2.25)
PLACE1	2.998 * (1.88)	−0.015 (−1.64)	−0.014 (−1.61)
PLACE2	1.252 (0.70)	−0.008 (−0.74)	−0.008 (−0.84)

变量	(1) LstPE	(2) OFFNET_RT1	(3) OFFNET_RT2
POLICY_2	−9.515 ** (−2.38)	0.098 *** (4.55)	0.097 *** (4.60)
POLICY_3	5.483 (1.61)	0.155 *** (7.30)	0.154 *** (7.35)
POLICY_4	9.808 *** (3.31)	0.106 *** (4.82)	0.060 *** (3.00)
行业和年份	控制	控制	控制
_cons	89.979 *** (4.67)	−0.537 *** (−4.43)	−0.512 *** (−4.43)
N	961	961	961
F	47.33 ***	13.46 ***	12.82 ***
r2_a	0.616	0.439	0.430

注：$*p<0.1$，$**p<0.05$，$***p<0.01$。

表 5.6 的列（2）是运用回拨前的网下发行中签率作为因变量回归的结果，可以看到发审委员任期（TENURE）同网下回拨前的中签率（OFFNET_RT1）之间的回归系数为 −0.021（t 值 = −4.82），表明与会发审委员整体上越处于自身任期的后期，所审核的公司网下申购的中签率越低，即在网下成功申购到的概率越低。表明此时发行人和承销商倾向于将价格定得更低，以让更多一级市场的机构投资者成功申购到新股，从而降低单个投资者持股的风险，假说 H5.1b 得到了支持。

表 5.7 为假说 H5.1c 的检验结果。列（1）的结果显示了与会发审委员的平均任期对回拨前的网上申购中签率的回归系数为 −0.001，但并不显著异于零，没有充分的证据表明网上申购活动受到了与会发审委员任期的影响，实证的结果并不能有效地支持 H1c。其他变量中，可以看到，发行时的市盈率（lstPE）越高，网上中签率越高，回归系数显著为负（t 值为 2.70）。定价越高，参与网上申购的投资者越容易成功购得股票，可能的原因在于定价较高时，使得一些投资者放弃了网上申购。而国有企业相比非国有企业的中签率要低，回归系数为 −0.002（t 值为 −1.99），表明投资者对国有企业存有偏好，对国有企业申购的热情更高，这同徐浩萍等（2009）的研究认为国有企业出

于信号显示的考虑，发行价相比非国有企业抑价更明显，由此来吸引投资者的结论是契合的。

表 5.7　　　　　　　　　　与会发审委员届次和发行时网上中签率

变量	(1) ONNET_RT1 回拨前	(2) ONNET_RT2 回拨后
TENURE	−0.001 (−1.40)	−0.001 (−1.37)
AUDNUM	−0.001*** (−2.66)	−0.001*** (−2.58)
BANKERLIQ	−0.000 (−0.82)	−0.000 (−0.67)
IPOSIZE	0.001 (0.56)	0.001 (0.56)
BIGUNDR	0.000 (0.41)	0.000 (0.39)
BIG10	−0.000 (−0.50)	−0.001 (−0.65)
ROA	0.042*** (4.71)	0.042*** (4.65)
LEV	0.008** (2.18)	0.008** (2.14)
SIZE	0.004*** (4.00)	0.004*** (3.99)
MARGIN	0.001 (0.18)	0.000 (0.06)
GROWTH	0.004* (1.96)	0.004** (1.98)
LstPE	0.000*** (2.70)	0.000*** (2.75)
FSHR	0.000 (0.08)	0.000 (0.01)
BAL	0.000 (0.60)	0.000 (0.58)
SOE	−0.002** (−1.99)	−0.002** (−2.14)

变量	（1） ONNET_RT1 回拨前	（2） ONNET_RT2 回拨后
SENTIMENT	−0.012 （−0.94）	−0.012 （−0.93）
BULL	−0.001 * （−1.85）	−0.001 * （−1.86）
MARKET1	0.001 （1.38）	0.001 （1.30）
PLACE1	0.001 （1.33）	0.001 （1.31）
PLACE2	0.002 * （1.69）	0.002 * （1.81）
POLICY_2	0.009 *** （3.33）	0.009 *** （3.31）
POLICY_3	0.008 *** （2.86）	0.008 *** （2.85）
POLICY_4	0.007 *** （2.97）	0.012 *** （4.23）
行业和年份	控制	控制
_cons	−0.101 *** （−5.56）	−0.105 *** （−5.63）
N	961	961
F	10.44 ***	10.63 ***
r2_a	0.248	0.257

注：$*p<0.1$，$**p<0.05$，$***p<0.01$。

5.1.6 稳健性检验

（1）控制初询的影响

在检验假说 H5.1b 时，并未对初询的情形进行控制。初询时发行人和承销商需向投资者提供投资价值研究报告，并在初询的推介公告中提出承销商对发行人的估值区间。显然初询时申购的情况可能对网下申购的中签率存在影响：初询时投资者的热情越高，同一价位的申购者自然就越多。假使存在两个

126

发行人的其他情况完全相同的情形，而且承销商也对之确定了相同的价格，初询申购的热度也仍然可以导致两者网下申购的中签率存在差异，H5.1b 的检验存在遗漏变量的风险。但证监会于 2010 年 11 月 23 日才开始要求披露询价细节，此前的数据无法获得。为此，本节直接选用此阶段及之后的样本，并增加对初询网下申购倍数（UNNETTS）这一控制变量进行回归，该变量的取值为初询时的全部申购数量（有效报价和低于有效报价的申购均包括）除以网下发行股份，结果参见表 5.8 的列（1）和列（3）。可以看到控制和不控制该变量，发审委员的任期对网下中签率的回归系数的变化不大，二者之间依然呈现出显著的负相关的关系。而且还可以看到网下初询时的申购倍数的确是网下中签率的重要解释变量，回归系数为 -0.002，t 值为 -11.36。此外，在控制了该变量之后，公司的基本特征，诸如公司业绩（ROA）、公司规模（SIZE）等变量均变得不再显著。可见在初询报价时，参与询价的投资者对这些因素已有所考虑，已反映在初询时申购的倍数中了。

表 5.8　　控制初询时网下申购倍数后式（5-2）的回归结果

变量	(1) OFFNET_RT1	(2) OFFNET_RT2	(3) OFFNET_RT1	(4) OFFNET_RT2
TENURE	-0.030* (-1.73)	-0.036** (-2.14)	-0.027* (-1.73)	-0.033** (-2.19)
UNNETTS			-0.002*** (-11.36)	-0.002*** (-10.85)
AUDNUM	0.003 (0.97)	0.003 (1.13)	0.003 (1.34)	0.004 (1.49)
BANKERLIQ	0.004*** (2.90)	0.003*** (2.85)	0.003*** (2.84)	0.003*** (2.80)
IPOSIZE	0.004 (0.22)	0.006 (0.34)	0.018 (1.08)	0.019 (1.19)
BIGUNDR	0.003 (0.24)	0.001 (0.06)	-0.005 (-0.49)	-0.006 (-0.68)
BIG10	-0.021* (-1.88)	-0.018* (-1.66)	-0.013 (-1.37)	-0.010 (-1.12)
ROA	0.306** (2.44)	0.272** (2.29)	0.009 (0.09)	-0.003 (-0.03)
LEV	0.095* (1.76)	0.087* (1.70)	-0.002 (-0.04)	-0.003 (-0.07)

变量	(1) OFFNET_RT1	(2) OFFNET_RT2	(3) OFFNET_RT1	(4) OFFNET_RT2
SIZE	0.044 *** (3.03)	0.042 *** (3.02)	0.019 (1.53)	0.019 (1.59)
MARGIN	−0.063 (−1.58)	−0.045 (−1.23)	−0.017 (−0.52)	−0.002 (−0.07)
GROWTH	0.044 * (1.85)	0.043 * (1.88)	0.036 * (1.73)	0.035 * (1.76)
LstPE	0.000 (0.01)	−0.000 (−0.03)	−0.000 (−0.22)	−0.000 (−0.26)
FSHR	−0.002 (−0.16)	−0.002 (−0.18)	−0.007 (−0.72)	−0.007 (−0.71)
BAL	−0.028 (−1.25)	−0.019 (−0.89)	−0.013 (−0.64)	−0.005 (−0.24)
SOE	0.083 (0.22)	0.063 (0.17)	0.033 (0.11)	0.016 (0.05)
SENTIMENT	0.022 (0.79)	0.020 (0.77)	−0.003 (−0.14)	−0.003 (−0.11)
BULL	0.002 (0.12)	0.008 (0.53)	−0.014 (−0.97)	−0.007 (−0.49)
MARKET1	−0.026 (−1.08)	−0.027 (−1.13)	−0.035 (−1.64)	−0.035 * (−1.65)
PLACE1	−0.018 (−0.66)	−0.021 (−0.80)	−0.042 * (−1.71)	−0.043 * (−1.80)
POLICY3	0.072 *** (3.01)	0.117 *** (5.25)	0.041 * (1.85)	0.088 *** (4.18)
行业和年份	控制	控制	控制	控制
cons	−1.230 *** (−4.31)	−1.216 *** (−4.35)	−0.636 ** (−2.50)	−0.665 *** (−2.66)
N	396	396	396	396
F	3.84 ***	3.95 ***	7.90 ***	7.71 ***
r2_a	0.223	0.230	0.417	0.410

注：$*p<0.1$，$**p<0.05$，$***p<0.01$。

除选取披露了网下询价细节的观测为子样本进行检验外，考虑到此方法对样本容量的影响较大，还选用那些网下中签率在 0.28 （网下中签率的 95% 分位数）以下的观测来进行检验。此时的有效申购倍数约为 4 倍，承销商有足够的空间来调整发行价以影响网下发行的中签率，初询时申购的影响将有限，结果参见表 5.9。可以看到结果基本保持不变，与会发审委员的任期（TENURE）和网下中签率之间依然是显著为负的关系。

表 5.9　　　　　　　选取中签率 95% 分位数以下的观测回归的结果

变量	(1) OFFNET_RT1	(2) OFFNET_RT2
TENURE	−0.009 *** (−2.87)	−0.009 *** (−2.89)
AUDNUM	0.002 ** (2.21)	0.002 ** (2.46)
BANKERLIQ	0.001 *** (6.18)	0.001 *** (6.18)
IPOSIZE	−0.003 (−0.57)	−0.002 (−0.49)
BIGUNDR	0.000 (0.11)	0.000 (0.17)
BIG10	0.002 (0.49)	0.002 (0.60)
ROA	0.072 ** (2.10)	0.063 ** (2.00)
LEV	0.015 (0.92)	0.015 (0.92)
SIZE	0.011 *** (2.75)	0.010 *** (2.73)
MARGIN	−0.020 * (−1.82)	−0.016 (−1.55)
GROWTH	0.006 (1.08)	0.005 (1.14)
FSHR	−0.000 (−0.44)	−0.000 (−0.37)
BAL	−0.000 (−0.08)	0.000 (0.05)

变量	(1) OFFNET_RT1	(2) OFFNET_RT2
SOE	−0.007* (−1.84)	−0.006* (−1.82)
SENTIMENT	−0.088*** (−2.76)	−0.091*** (−2.90)
BULL	−0.002 (−0.75)	−0.002 (−0.77)
MARKET1	−0.011*** (−2.68)	−0.011*** (−2.94)
PLACE1	−0.000 (−0.00)	0.001 (0.23)
PLACE2	0.003 (0.51)	0.003 (0.53)
POLICY_2	−0.003 (−0.92)	−0.003 (−0.85)
POLICY_3	0.085*** (13.49)	0.085*** (13.59)
POLICY_4	0.053*** (5.29)	0.018** (2.19)
行业和年份	控制	控制
_cons	−0.211*** (−3.64)	−0.206*** (−3.73)
N	924	924
F	21.17***	21.63***
r2_a	0.510	0.508

注: $*p<0.1$, $**p<0.05$, $***p<0.01$。

（2）消除有无锁定期政策变化的影响

此外，考虑到在 2012 年 4 月 28 日之后，网下申购不再要求锁定期，可能会对投资者网下申购的行为产生较大的影响，进而影响到网下申购的中签率。为此，选用剔除此部分观测后的子样本来进行检验，结果见表 5.10，同表 5.6 的结果基本保持一致。

表 5.10　　　　　　　　　去除网下申购无锁定期的观测

变量	(1) 1stPE	(2) OFFNET_RT1 回拨前	(3) OFFNET_RT2 回拨后
TENURE	−2.084 ** (−2.10)	−0.019 *** (−4.43)	−0.019 *** (−4.45)
AUDNUM	−0.100 (−0.33)	0.002 (1.24)	0.002 (1.23)
BANKERLIQ	−0.260 *** (−3.96)	0.001 *** (3.38)	0.001 *** (3.39)
IPOSIZE	6.951 *** (4.79)	0.003 (0.31)	0.002 (0.27)
BIGUNDR	1.180 (1.21)	0.003 (0.66)	0.003 (0.68)
BIG10	0.169 (0.17)	−0.003 (−0.63)	−0.003 (−0.63)
ROA	−60.630 *** (−5.14)	0.119 ** (1.98)	0.119 ** (2.00)
LEV	−4.248 (−0.82)	0.037 (1.44)	0.037 (1.46)
SIZE	−9.174 *** (−7.39)	0.021 *** (2.94)	0.021 *** (2.95)
MARGIN	11.462 *** (2.97)	−0.013 (−0.80)	−0.012 (−0.78)
GROWTH	−0.614 (−0.33)	0.019 * (1.80)	0.019 * (1.79)
FSHR	0.080 * (1.69)	−0.000 (−0.85)	−0.000 (−0.87)
BAL	2.292 ** (2.14)	−0.003 (−0.72)	−0.003 (−0.72)
SOE	1.511 (1.04)	−0.011 * (−1.85)	−0.011 * (−1.85)
SENTIMENT	7.627 (0.46)	0.011 (0.13)	0.013 (0.14)

变量	(1) lstPE	(2) OFFNET_RT1 回拨前	(3) OFFNET_RT2 回拨后
BULL	3.844 *** (2.91)	0.006 (1.34)	0.006 (1.34)
MARKET1	6.554 *** (4.74)	−0.015 ** (−2.41)	−0.015 ** (−2.41)
PLACE1	2.903 * (1.73)	−0.017 * (−1.79)	−0.017 * (−1.78)
PLACE2	0.963 (0.51)	−0.009 (−0.83)	−0.009 (−0.85)
POLICY_2	−10.023 ** (−2.45)	0.096 *** (4.48)	0.095 *** (4.48)
POLICY_3	4.914 (1.40)	0.153 *** (7.26)	0.153 *** (7.28)
行业和年份	控制	控制	控制
_cons	93.688 *** (4.57)	−0.546 *** (−4.56)	−0.542 *** (−4.59)
N	894	894	894
F	47.31 ***	11.98 ***	12.03 ***
r2_a	0.604	0.466	0.468

注： $*p<0.1$ ， $**p<0.05$ ， $***p<0.01$ 。

（3）消除发行市盈率受限的影响

考虑到样本中涉及存在市盈率管制的情形，具体包括在 2009 年 6 月 10 日之前发行市盈率被限制在 30 倍以下（POLICY1 =1），另一阶段为 2012 年 4 月 28 日之后的一段时间，新股发行的市盈率被"窗口指导"，要求不得高于同行业的 1.25 倍（POLICY =4），这两个期间对发行价的"限高"可能会对检验结果存在影响，故而去除了这两个阶段的观测的观测后进行检验，结果参见表 5.11，同表 5.6 的结果是一致的。

表 5. 11　　　　　　　　　去除发行价被管制"限高"的观测

变量	(1) lstPE	(2) OFFNET_RT1 回拨前	(3) OFFNET_RT2 回拨后
TENURE	− 3. 631 *** (− 3. 13)	− 0. 019 *** (− 3. 68)	− 0. 019 *** (− 3. 68)
AUDNUM	0. 053 (0. 16)	0. 002 (1. 14)	0. 002 (1. 13)
BANKERLIQ	− 0. 469 *** (− 4. 86)	0. 002 *** (2. 66)	0. 002 *** (2. 67)
IPOSIZE	8. 583 *** (4. 67)	0. 004 (0. 37)	0. 004 (0. 33)
BIGUNDR	1. 359 (1. 09)	0. 007 (1. 17)	0. 007 (1. 19)
BIG10	− 0. 040 (− 0. 03)	− 0. 005 (− 0. 88)	− 0. 005 (− 0. 88)
ROA	− 70. 903 *** (− 5. 13)	0. 145 ** (2. 06)	0. 146 ** (2. 09)
LEV	− 7. 361 (− 1. 24)	0. 049 (1. 61)	0. 049 (1. 64)
SIZE	− 10. 786 *** (− 6. 93)	0. 029 *** (3. 22)	0. 029 *** (3. 23)
MARGIN	15. 009 *** (3. 16)	− 0. 016 (− 0. 83)	− 0. 016 (− 0. 81)
GROWTH	− 1. 058 (− 0. 47)	0. 028 ** (2. 13)	0. 027 ** (2. 13)
FSHR	0. 101 (1. 61)	− 0. 000 (− 0. 59)	− 0. 000 (− 0. 61)
BAL	2. 773 ** (2. 06)	− 0. 003 (− 0. 52)	− 0. 003 (− 0. 53)
SOE	2. 312 (1. 00)	− 0. 019 ** (− 2. 06)	− 0. 019 ** (− 2. 06)
SENTIMENT	57. 222 ** (2. 07)	− 0. 017 (− 0. 11)	− 0. 016 (− 0. 10)
BULL	2. 033 (1. 18)	0. 011 * (1. 77)	0. 011 * (1. 77)

变量	(1) lstPE	(2) OFFNET_RT1 回拨前	(3) OFFNET_RT2 回拨后
MARKET1	5.334 *** (3.57)	− 0.008 (− 1.14)	− 0.008 (− 1.14)
PLACE1	3.170 (1.43)	− 0.022 * (− 1.86)	− 0.021 * (− 1.85)
PLACE2	0.983 (0.39)	− 0.012 (− 0.89)	− 0.012 (− 0.91)
POLICY_2	− 13.332 *** (− 4.66)	− 0.061 *** (− 4.41)	− 0.062 *** (− 4.43)
行业和年份	控制	控制	控制
_cons	119.973 *** (4.98)	− 0.598 *** (− 4.05)	− 0.591 *** (− 4.07)
N	696	696	696
F	16.10 ***	13.70 ***	13.77 ***
r2_a	0.477	0.434	0.436

注: $*p<0.1$, $**p<0.05$, $***p<0.01$。

(4) 安慰剂检验

本章的主要观点认为发审委员的审核活动对公司的 IPO 价格产生了影响。但前述检验无法完全控制影响发行人质量的所有变量，发审委员的任期可能和表征公司质量的其他变量之间存在典型的正相关关系。发行方在定价时，通过其他的途径感知了投资者对自身价值的认知，而这些其他的途径同发审委员任期所揭示出的信息具有类似的价值，前文实证的结果也可能是由于这些遗漏变量的原因所致。为此选用二次过会的公司进行了安慰剂检验，以二次过会公司来构造"对照组"样本，该组样本中，除了发审委员的任期选用发行申请第一次被否决时的与会发审委员的任期作为任期的取值外，其他变量均保持不变。

由于二次过会的公司两次过会之间的时间间隔往往并不长，而且二次申请如果能顺利通过，通常在公司的治理和经营方面不能有太大的改动，否则容易被认为申请活动的过程中存在不诚实的行为，说明公司的治理和内部控制存在较大的缺陷。因而在这期间，可以认为公司质量本身并未发生较大的实质性变化，故而可能的遗漏变量发生显著变化的可能性不大。如果发审委员的任期同过会公司的质量之间确有关联，那么否决掉公司过会申请的发审委员的任期同遗漏的变量之间理应具有二次申请过会时发审委员的任期与之相类似的关系。因而如果前文的结论完全是由于遗漏标量的原因造成的，而非发审会的影响，那么对于对照组样本而言，运用首次申请否决时发审委员的任期作为变量值，也应当获得与之类似的结果，实际的结果却并非如此，具体可参见表 5.12。表中真实组为运用二次过会的公司过会时的与会发审委员的任期为 TENURE 的值进行回归的结果，可以看到同表 5.6 的结果基本保持一致，发审委员任期同主要因变量之间均为负相关的关系。而对照组中，以二次过会的公司第一次参加发审会时与会发审委员的任期作为 TENURE 的值进行回归的结果，显示到此时发审委员的任期同主要因变量之间不存在显著的相关关系。

表 5.12　　　　　　　　　　　　安慰剂检验结果

变量	真实组			对照组		
	(1) LstPE	(2) OFFNET_RT1	(3) OFFNET_RT2	(3) LstPE	(1) OFFNET_RT1	(2) OFFNET_RT2
TENURE	-9.234^{**} (-2.22)	-0.030^{**} (-2.19)	-0.031^{**} (-2.42)	3.365 (1.03)	0.014 (1.20)	0.011 (1.01)
ACCNUM	-0.732 (-1.07)	0.005 (1.63)	0.003 (1.09)	-1.066 (-1.57)	0.003 (1.21)	0.002 (0.61)
BANKERLIQ	-0.088 (-0.39)	0.001 (0.98)	0.001 (1.14)	-0.077 (-0.34)	0.001 (1.08)	0.001 (1.22)
IPOSIZE	11.171^{**} (2.62)	-0.023 (-1.40)	-0.018 (-1.16)	11.751^{**} (2.53)	-0.022 (-1.57)	-0.016 (-1.12)
BIGUNDR	-2.713 (-0.82)	-0.017 (-1.38)	-0.015 (-1.31)	-0.894 (-0.25)	-0.010 (-0.78)	-0.009 (-0.78)
BIG10	-2.719 (-0.91)	-0.019 (-1.41)	-0.018 (-1.48)	-2.953 (-0.92)	-0.020 (-1.40)	-0.019 (-1.43)
ROA	-64.100^{**} (-2.20)	0.229 (1.42)	0.226 (1.42)	-68.038^{**} (-2.22)	0.223 (1.33)	0.211 (1.26)
LEV	10.833 (0.82)	0.040 (0.50)	0.060 (0.81)	8.107 (0.63)	0.033 (0.44)	0.050 (0.71)
SIZE	-13.263^{***} (-3.37)	0.034^{**} (2.46)	0.030^{**} (2.29)	-13.129^{***} (-3.04)	0.035^{***} (2.84)	0.030^{**} (2.52)

变量	真实组			对照组		
	（1）LstPE	（2）OFFNET_RT1	（3）OFFNET_RT2	（3）LstPE	（1）OFFNET_RT1	（2）OFFNET_RT2
MARGIN	10.459 (1.25)	−0.066 (−1.53)	−0.043 (−1.17)	5.948 (0.63)	−0.081* (−1.95)	−0.058 (−1.56)
GROWTH	−1.825 (−0.31)	−0.007 (−0.15)	−0.030 (−0.78)	0.591 (0.10)	0.001 (0.02)	−0.021 (−0.52)
FSHR	0.123 (1.52)	−0.000 (−0.30)	−0.000 (−0.39)	0.132 (1.47)	−0.000 (−0.16)	−0.000 (−0.26)
BAL	3.814** (2.34)	0.002 (0.30)	0.002 (0.32)	3.834** (2.11)	0.002 (0.32)	0.002 (0.31)
SOE	3.499 (1.04)	−0.015 (−1.17)	−0.014 (−1.09)	2.426 (0.63)	−0.019 (−1.25)	−0.017 (−1.21)
SENTIMENT	91.651 (1.54)	−0.374* (−1.81)	−0.315 (−1.53)	97.057 (1.38)	−0.362* (−1.97)	−0.295 (−1.56)
BULL	0.296 (0.08)	0.004 (0.35)	0.002 (0.19)	2.294 (0.55)	0.010 (0.80)	0.009 (0.76)
MARKET1	−4.214 (−1.05)	−0.002 (−0.11)	−0.000 (−0.02)	−4.074 (−0.92)	−0.001 (−0.03)	−0.000 (−0.01)
PLACE1	−1.243 (−0.31)	−0.025 (−1.21)	−0.023 (−1.10)	−0.085 (−0.02)	−0.022 (−0.98)	−0.019 (−0.86)
PLACE2	−4.177 (−0.77)	−0.031 (−1.38)	−0.032 (−1.45)	−2.502 (−0.45)	−0.026 (−1.12)	−0.026 (−1.14)
POLICY_2	35.251*** (5.98)	0.025 (1.16)	0.022 (1.10)	30.608*** (4.82)	0.012 (0.65)	0.006 (0.31)
POLICY_3	30.219*** (4.39)	0.079*** (3.75)	0.085*** (4.17)	30.058*** (3.85)	0.080*** (3.59)	0.084*** (3.84)
POLICY_4	23.545** (2.20)	0.106** (2.62)	0.071* (1.95)	22.567* (2.01)	0.103** (2.58)	0.068* (1.81)
_cons	62.890 (1.12)	−0.162 (−0.65)	−0.184 (−0.77)	30.801 (0.46)	−0.255 (−1.24)	−0.296 (−1.47)
N	61	61	61	61	61	61
F	13.00***	8.74***	8.59***	10.45***	8.01***	8.46***
r2_a	0.585	0.618	0.563	0.592	0.530	0.520

注：$*p<0.1$，$**p<0.05$，$***p<0.01$。

除前述稳健性检验外，考虑到当投资者网上申购的热情高涨时，网下申购和网上申购中签率会差别巨大，为保护网上申购的投资者，可能会出现将一部分原定拟网下发行的部分股份转为网上发行的"回拨"现象。回拨的发生可能会影响到网下和网上的中签率，为此也采用回拨后的网上申购中签率（ON-NET_RT2）和回拨后的网下中签率（OFFNET_RT2）作为因变量进行回归，结果参见各表中的相关列，结果是一致的。

除用与会的 7 名发审委员的平均任期为变量 TENURE 赋值外，选择与会 7 名发审委员任期的最大值、最小值和中位数作为变量 TENURE 的值，重复前述检验，得到的结果也基本一致，在此不再赘述。

5.1.7　本节结论

本节的实证结果表明公司发审会的与会委员所处的任期同公司 IPO 的定价之间存在相关关系。与会委员的任期越高，公司新股发行的价格相对越低，表现为发行时的市盈率更低，而且承销商设置了更低的价格让更多的网下申购人能够申购到股份，网下有效申购的中签率更低。稳健性检验的结果表明这是受到发审会时的情形影响的缘故。

5.2　发审委员任期对新股抑价的影响

从前文的分析可以看到在控制了其他因素的情况下，与会发审委员的任期越长，发审会上与会的发审委员们严格审核的概率越低，因而承销商和发行人对新股的定价相对更低，表现为发行时的市盈率相对越低、网下有效申购的中签率越高。那么二级市场的投资者对之如何反应呢？

5.2.1　研究假说

相比其他国家，我国新股的抑价水平普遍明显偏高[①]。传统研究新股抑价的理论认为新股上市首日和次日，资本市场很难发生显著的结构性变化。新股

---

① Ritter, Average first-day returns for 52 Countries, http://bear.warrington.ufl.edu/ritter/IPOsInternationalUnderpricing.ppt.pptx.

上市首日的回报又明显高于次日的回报，因而新股抑价的根本原因被认为是发行价偏低，是让渡给投资者的利益，是"留在桌上的钱"（leave the money on the table）（Ritter，2002）。这事实上隐含了资本市场（此处特指二级市场）是有效的这一前提。国内许多与此相关的研究大都沿用了国际主流文献的思路，认为抑价主要是一级市场上的发行价格"被压低和抑制"了，是由于新股的发行资格和发行价格受行政管制所致（朱红军，钱友文，2010；田利辉，2011）。但随着新股发行制度改革的推进，新股发行中的行政干预在逐渐减少，新股的定价也越来越依赖于市场定价，而高抑价现象并未因此消失和减弱，可见新股抑价现象可能并不仅仅因为行政管制所致。刘煜辉和沈可挺（2011）的研究则认为在大多数时期，我国股票一级市场的发行价并不存在被抑制的现象，新股上市首日的高回报现象可能更多地要归因于二级市场上的投资者的行为。宋双杰（2011）运用谷歌趋势的数据也发现投资者关注度对新股抑价具有一定的解释能力。这些研究的结论显示二级市场上投资者的行为可能是我国新股高抑价现象的重要影响因素之一。

　　同欧美等国的股票发行和交易制度相比，我国的新股发行和交易制度具有一些独有的特点，如一二级市场上对不同类型投资者的分离和新股的市场交易规则等。我国的二级市场，个人投资者居于主导地位[①]。为保障新股发行的效率和效果，在 2012 年 7 月 6 日之前个人投资者不能参与新股的网下申购[②]，参与网下申购的投资者不得再参与网上申购（始于 2009 年 6 月 10 日），而且网上申购的金额也有限制，要求不得超过发行数量的千分之一[③]。而且在 2012 年 4 月 28 日之前，向网下投资者配售的股份也需要被锁定一定的期限，在此期间不得在二级市场上交易。因而在一级市场上参与网下询价发行的机构投资者和在二级市场上居于主导地位的个人投资者被分离开，新股的询价活动排除了个人投资者的参与，而新股上市初期的交易又将参与新股询价的机构投资者排除在外。正是由于个人投资者和机构投资者的分离，为保障中小投资者的知情权，监管部门对询价的细节信息的强制性披露要求也越来越高[④]，在 IPO 询价过程中需要披露的信息相比也欧美等发达资本市场也要更为详细和具体，而美

---

　　① 人民网，姚刚：中国股市以散户为主，致市场资源配置错误，2013 - 03 - 01，http：//money. 163. com/13/0301/17/8OT85TCT00254ITV. html.

　　② 晓晴. 个人投资者参与新股询价开闸，券商急订实施细则，21 世纪经济报道，2012 - 07 - 11.

　　③ 深交所投资者教育中心，申购上限不得超网上发行股数千分之一，2009 - 06 - 23. http：//finance. eastmoney. com/news/1353，20131217346552263. html.

　　④ 具体可看历次新股发行制度改革中涉及询价披露要求的部分。

国等发达资本市场，新股询价的信息并不向投资者公开（Ljungqvist，2004）。

我国的新股交易制度也有自身的特点。具体而言，尽管我国于 2010 年 03 月 30 日年开始试点融资融券业务，允许做空部分上市公司的股票，但同美国等发达资本市场相比，新股上市时依然缺少做空机制①；此外，我国的二级市场实施的是 $t+1$ 的交易制度，当日买入的股票，当日不能卖出。未能在一级市场上成功申购到新股的投资者在新股上市的首日只有买入的机会。这些制度约束使得如果投资者认为股票价格被高估，并不能通过卖空来影响新股的价格（李冬昕等，2014）。

上述这些制度安排使得新股首日交易时，能够交易的已持股的投资者较为分散，且以中小投资者居多。因而参与二级市场新股交易的投资者普遍存在"博傻"的投机心理，以至于"炒新"成为一种风险极高而又普遍的行为，有超过"六成"的投资者在炒新活动中亏损。交易所不断提醒投资者注意炒新风险②，并出台《关于进一步加强新股上市初期交易监管的通知》《关于首次公开发行股票上市首日盘中临时停牌制度等事项的通知》多项措施对之加以遏制，但该现象却依然普遍③。

由于二级市场的参与者普遍并不充分具有关于公司价值的私有信息，交易的行为更多地建立在对公开信息的搜集和理解之上，而炒新行为又极具风险，任何关于新股发行的信息都可能是投资者所热切寻觅的信息。曲晓辉和黄霖华（2013）就发现 IPO 的核准公告对投资者而言具有明显的信息含量，当发行人顺利通过发审会时，持有发行人股份的已上市公司的股票在二级市场会对之进行明显的正向反应。发审委员作为 IPO 审核过程中的重要行为主体，也一直都是资本市场各方关注的重点。一些审核严格的发审委员甚至被冠以"杀手委员"的称号④。当发行人过会时，潜在的投资者对审核这些公司的发审委员很可能也同样关注。如果二级市场的某些投资者能够感知发审委员的审核质量，据此推测发行人的质量，从而产生同发行人和承销商类似的想法，当发审委员不属于严格审核的发审委员时，将同发行人和承销商一样，也对这些公司的价值缺乏足够的信息和信心。尽管承销商和发行人在新股定价时考虑了发审委员审

---

①　中新网，融资融券交易试点今日启动，4 年艰辛历程大盘点，2010 – 03 – 31，http：// finance. sina. com. cn/stock/stocklearnclass/20100331/00147663526. shtml.

②　杜雅文 . 深交所投教中心再度发文警示"炒新"风险 [N]. 中国证券报，2011 – 07 – 13.

③　王丹 . 史上最严限炒令差强人意近半新股上市 10 日翻倍 [N]. 21 世纪经济报道，2014 – 02 – 19.

④　吴君强，郭佳 . 主板十三届发审委"五大杀手"委员仅一人留任 [N]. 华夏时报，2012 – 05 – 30.

核的情况，但由于在新股定价的过程中承销商仅获得了机构投资者对股票的需求信息，而并不完全知晓个人投资者，特别是二级市场上的投资者对股票的需求情况，而且由于发行人原始股东持股往往具有一年以上的锁定期，短期内，新股在二级市场上的价格对其利益影响较小，以及承销商的收益主要源自依照募集资金的一定比例提取的承销费，二者也不具有为之而进一步让渡抑价来应对的动机。如此，则在二级市场上未被严格审核的公司的表现将会不及那些被严格审核的公司。因此，抑价的幅度同与会发审委员的任期之间呈负相关的关系。

另外，由于询价相关信息是公开的信息，二级市场上的投资者还可从一级市场上投资者的参与情况来获悉一些关于新股需求的信息。由于美国等国的询价制度的特点限制了需求信息在投资者之间的传递，以往关于新股抑价的研究也大都对之进行了忽略。但一旦投资者可以通过观察其他投资者的行为来获得信息，新股的抑价将受到影响。在此情形下，投资者会"参考已经观察到的其他投资者的行为，并据此所推断关于新股需求的信息来做出决策"（Welch，1996），如果观察到一部分的投资者积极买入，另一部分的投资者会据此推测公司的质量，从而跟进买入，将能迅速推高股票的价格；反之，如果发现公司股票的需求并不活跃，那么可能会认为该股票的价值堪忧，从而避免买入而持有该公司的股份，将导致股价低迷。投资者的此类从众行为很容易造成流瀑效益（cascade effect），对新股的需求要么过多，要么过少。阿米胡德（Ami-huld，2003）运用 1989～1993 年以色列 IPO 市场的情况对投资者在 IPO 申购过程中的此类效应进行了检验，发现确实如此。

我国新股发行和交易中对不同类型的投资者进行的分离和信息披露制度，使得投资者完全可以通过网下和网上的中签率等信息来感知其他投资者对公司股票需求的热度，有着明显的前述"序贯决策"的特点。二级市场上的投资者通过观察和预测其他投资者行为，如从中签率中来推测新股的价值，当一级市场上申购的投资者越多，中签率越低时，新股对于二级市场上的投资者将更具有吸引力。

这可能为发审会的审核情形能够对新股的抑价产生影响提供了另外一个途径。当承销商和发行人在确定发行价时考虑了发审委员审核的严格程度，并在发行时的市盈率和网下中签率中对之有所反应，而二级市场上的投资者在交易时又直接参考了一级市场上的情形，这将使得发审会的影响能从一级市场传递到二级市场的交易价格中。当承销商和发行人因为发审会的与会委员未能严格审核而将定价调低，以让更多的一级市场上的投资者获得配售时，二级市场上的投资者将观测到相对低的网下中签率，会认为这是一级市场上的投资者需求旺盛的信号，从而跟进买入，如此将推高新股交易价格，新股的抑价幅度也由此上升。简而言之，由于一级市场的申购情况是发审会情形的函数，而二级市场上的交易行为又受到一级市场申购行为的影响，故而发审会的情形对二级市场的交易行为造成了影响，最终影响到新股的抑价。此时，与会委员的任期同新股的抑价之间将呈现出负相关的关系。

　　上述两种情形，究竟是二级市场上的投资者也借由公司发审会的情况推测了公司的价值，但新股的定价中却未对之充分考虑居于主导；还是由于二级市场上的投资者参考了一级市场的情况，使得发审会的影响传递到了二级市场上的交易价格之中，抑或是二者势均力敌、互相抵消，需要实际的经验证据来给出结论。故而在此提出本章的待验假说 5.2，如果该假说得到验证，则表明第一种情形居于主导地位。

　　H5.2：出席公司发审会的发审委员任期越高，新股上市的抑价率越低。

5.2.2　研究设计

　　对假说 5.2 的检验基本沿用对假说 5.1c 的检验的回归模型，因变量选择新股的发行抑价（UNDRPRC），运用上市首日的收盘价同发行价之间的价差来度量（UNDRPRC1）。此外，考虑到首日的交易可能会因首日"熔断"机制不能充分交易，还考虑了上市后的 5 日抑价，运用上市后的第 5 个交易日的收盘价同发行价之间的价差来度量（UNDRPRC5）。主要的解释变量依然为与会发审委员的平均任期（TENURE）。控制变量中，除了在模型（5-1）中控制的各变量外，参考田利辉（2010）和宋双杰等（2011）的相关研究，增加了发行时网上中签率（ONNET_RT1）以控制一级市场需求的影响，与此同时，对网下中签率（OFFNET_RT1）和发行市盈率（LstPE）等也进行了控制。如果该假说 2 成立，那么在对模型（5-4）的检验中，发审委员的任期（TENURE）和首日抑价的回归系数将显著为负，即参与公司审核的发审委员的任期值越大，该公司的股票在二级市场上的抑价越低。

$$UNDRPRC = \alpha + \beta_1 TENURE + \beta_{19} ONNET\_RT1 + \beta_{20} OFFNET\_RT1 + \beta_{21} lstPE$$

$$+ \beta_2 AUDNUM + \beta_3 BANKERLIQ + \beta_4 IPOSIZE + \beta_i \sum_{i=1}^{4} POLICY_i$$

$$+ \beta_5 BIGUNDR + \beta_6 BIG10 + \beta_7 GROWTH + \beta_8 SIZE + \beta_9 LEV + \beta_{10} ROA$$

$$+ \beta_{11}FSHR + \beta_{12}BAL + \beta_{13}SOE + \beta_{14}SENTIMENT + \beta_{15}BULL$$

$$+ \beta_{16}PLACE1 + \beta_{17}PLACE2 + \beta_{18}MARKET1 + \sum_{i=1}^{n}controls_i$$

$$(5-4)$$

5.2.3　样本和描述性统计

样本沿用前节选取的样本，选择 2006 年新股发行重启以来至 2012 年新股发行暂停前的样本。主要变量的描述性统计见表 5.13。可以看到首日抑价（UNDRPRC1）的均值为 61%，中位数为 35%，说明新股抑价现象的确比较明显，但最小值为 –14%，表明也存在破发的现象。而新股上市的前 5 个交易日的均值为 55%，中位数 32%，最小值为 –19%。可见新股首日的市场回报基本占了新股抑价的绝大部分，在新股后续的交易日中存在价值回归的现象，以致 5 日表现普遍要低于上市首日的表现。进一步地，分析样本中的新股上市次日到第 5 日之间的收益（（UNDRPRC5 – UNDRPRC1）/（1 + UNDRPRC1）），发现最高的收益为 41.35%（由石中装备（002691）录得），而如果从第 2 日至第 5 日一直处于涨停状态而未能充分成交，此期间的最大涨幅将为 46.41%，表明当考虑至上市第 5 个交易日时（UNDRPRC5），首日"熔断"机制和日常涨跌停机制的限制等对新股抑价的影响已经很小。

表 5.13				描述性统计				
变量	n	Mean	S. D.	Min	0.250	Mdn	0.750	Max
UNDRPRC1	961	0.610	0.760	– 0.140	0.130	0.350	0.800	3.810
UNDRPRC5	950	0.550	0.710	– 0.190	0.0800	0.320	0.730	3.660
LstPE	961	46.32	20.25	13.63	29.96	43.33	58.71	112.3
ONNET_RT1	961	0.0100	0.0100	0	0	0.0100	0.0100	0.100
OFFNET_RT1	961	0.0600	0.0900	0	0.0100	0.0200	0.0700	0.580
TENURE	961	1.560	0.520	1	1	1.570	2	3
AUDNUM	961	1.990	2.060	0	0	1	3	10

5.2.4　实证结果分析

表 5.14 为对 H5.2 的实证检验结果，从列（1）的结果可以看到参加公司

发审会的发审委员的任期（TENURE）和上市首日折价（UNDRPRC1）之间为负相关的关系，回归系数为 -0.121（t 值 = -3.71），表明发审委员的平均任期值越大，上市首日抑价越低，实证的结果支持了假说 5.2。在控制了一级市场申购的影响，诸如发行市盈率、网上和网下中签率之后，二者之间的负相关关系依然存在，结果见列（3），二者之间的回归系数为 -0.151（t 值 = -4.59），可见在二级市场交易新股的投资者对由高任期的发审委员审核的公司的追捧度不高。进一步比较列（1）和列（3）发审委员任期（TENURE）的回归系数，显示二者之间的差别显著（$\chi^2(1) = 10.58$，P = 0.0011），说明在控制了一级市场定价的影响后，发审委员任期对新股抑价的影响程度更加明显，可见前述假说部分中提及的两种情形确实都存在，只是第一种情形居于主导。其他变量中，可以看到发行市盈率（LstPE）和首日抑价（UNDRPRC1）之间是显著的负相关关系，回归系数为 -0.006（t 值为 -5.88），可见发行价越高，首日的抑价越低。网上中签率（ONNET_RT1）和网下中签率（OFFNET_RT1）对首日抑价的回归系数也都显著为负也说明一级市场上投资者申购的热度越高，二级市场上，上市首日的表现越好。其他变量中，可以看到 POLICY2、POLICY3 和 POLICY4 的回归系数均为负，表明 POLICY1 时期的新股首日抑价最高，说明新股发行制度的改革对于降低新股首日发行抑价还是有一定效果的。公司个体特征中，公司业绩（ROA）和公司规模（SIZE）的回归系数也均显著为负，这同郭泓和赵震宇（2006）的研究结论是一致的。此外，还可以看到市场竞争程度（MARGIN）的回归系数显著为正，表明公司的毛利率越高，投资者越是追捧。这些高毛利的公司通常都具有一定细分市场的垄断势力或者是高科技等高风险行业的公司。

表 5.14　　　　　　　　新股抑价和发审委员任期的回归结果

变量	（1）UNDRPRC1	（2）UNDRPRC5	（3）UNDRPRC1	（4）UNDRPRC5
TENURE	-0.121 *** (-3.71)	-0.090 *** (-2.88)	-0.151 *** (-4.59)	-0.114 *** (-3.63)
LstPE			-0.006 *** (-5.88)	-0.005 *** (-4.64)
ONNET_RT1			-3.021 *** (-3.29)	-2.662 *** (-2.97)

续表

变量	（1） UNDRPRC1	（2） UNDRPRC5	（3） UNDRPRC1	（4） UNDRPRC5
OFFNET_RT1			− 0. 606 *** （ − 3. 23）	− 0. 548 *** （ − 2. 96）
AUDNUM	0. 009 （0. 97）	0. 002 （0. 23）	0. 008 （0. 86）	0. 001 （0. 10）
BANKERLIQ	0. 000 （0. 01）	0. 003 （0. 92）	− 0. 001 （ − 0. 32）	0. 002 （0. 66）
IPOSIZE	− 0. 072 （ − 1. 44）	− 0. 021 （ − 0. 42）	− 0. 026 （ − 0. 52）	0. 015 （0. 29）
BIGUNDR	− 0. 019 （ − 0. 54）	0. 009 （0. 28）	− 0. 008 （ − 0. 23）	0. 018 （0. 54）
BIG10	0. 035 （0. 99）	0. 039 （1. 14）	0. 030 （0. 86）	0. 034 （1. 02）
ROA	− 1. 583 *** （ − 3. 74）	− 1. 653 *** （ − 3. 91）	− 1. 757 *** （ − 4. 08）	− 1. 773 *** （ − 4. 10）
LEV	− 0. 289 （ − 1. 43）	− 0. 395 ** （ − 2. 02）	− 0. 266 （ − 1. 38）	− 0. 369 ** （ − 1. 96）
SIZE	− 0. 120 *** （ − 3. 04）	− 0. 104 ** （ − 2. 47）	− 0. 154 *** （ − 3. 71）	− 0. 128 *** （ − 2. 92）
MARGIN	0. 266 * （1. 80）	0. 344 ** （2. 41）	0. 321 ** （2. 19）	0. 384 *** （2. 67）
GROWTH	0. 001 （0. 01）	0. 018 （0. 34）	0. 018 （0. 32）	0. 034 （0. 63）
FSHR	− 0. 002 （ − 1. 13）	− 0. 002 （ − 1. 22）	− 0. 002 （ − 0. 91）	− 0. 002 （ − 1. 07）
BAL	− 0. 074 * （ − 1. 93）	− 0. 073 * （ − 1. 91）	− 0. 059 （ − 1. 60）	− 0. 062 * （ − 1. 67）
SOE	0. 037 （0. 56）	0. 031 （0. 49）	0. 037 （0. 58）	0. 030 （0. 48）

续表

变量	(1) UNDRPRC1	(2) UNDRPRC5	(3) UNDRPRC1	(4) UNDRPRC5
SENTIMENT	-1.423* (-1.78)	-1.456* (-1.83)	-1.394* (-1.78)	-1.444* (-1.84)
BULL	0.057 (1.18)	0.061 (1.33)	0.082* (1.69)	0.080* (1.74)
MARKET1	-0.187*** (-4.61)	-0.165*** (-4.18)	-0.151*** (-3.82)	-0.138*** (-3.57)
PLACE1	-0.196*** (-2.67)	-0.171** (-2.55)	-0.182** (-2.50)	-0.160** (-2.39)
PLACE2	-0.212** (-2.45)	-0.165** (-2.06)	-0.203** (-2.38)	-0.158** (-1.99)
POLICY_2	-0.649*** (-4.29)	-0.683*** (-4.50)	-0.625*** (-4.16)	-0.651*** (-4.30)
POLICY_3	-0.918*** (-6.16)	-0.917*** (-5.99)	-0.762*** (-5.09)	-0.779*** (-5.06)
POLICY_4	-0.942*** (-6.31)	-0.952*** (-6.23)	-0.789*** (-5.09)	-0.821*** (-5.17)
行业和年份	控制	控制	控制	控制
_cons	5.634*** (7.07)	4.056*** (5.03)	5.607*** (6.89)	4.025*** (4.89)
N	961	950	961	950
F	17.89***	17.43***	19.95***	18.26***
r2_a	0.577	0.563	0.594	0.575

注：$*p<0.1$，$**p<0.05$，$***p<0.01$。

5.2.5　稳健性检验

出于对上市首日只能买入、新股首日交易存在交易"熔断"机制①可能影

---

① 新股的熔断机制是指当交易的价格达到或超过某一阈值时，新股的交易被暂停。具体可参看深圳证券交易所，《关于完善首次公开发行股票上市首日交易机制有关事项的通知》，2014-06-13；上海证券交易所，《关于加强新股上市初期交易监管的通知》，2014-06-13.

响首日交易价格的考虑，除新股上市的首日回报外，还考虑了新股上市后的 5 日回报，具体结果见表 5.14 的列（2）和列（4），同以新股上市的首日表现作因变量的回归结果是一致的。

此外，除了选用与会的 7 名发审委员的平均任期给 TENURE 赋值外，还选用了与会 7 名委员任期的最小值、最大值和中位数来作为变量 TENURE 的值，对新股上市的首日表现进行回归。回归的结果分别参见表 5.15 的各列，结果同表 5.14 的结果是一致的。

表 5.15　用与会 7 名委员任期的其他统计值赋值 TENURE 后回归的结果

变量	（1）UNDRPRC1 TENURE 取最小值	（2）UNDRPRC1 TENURE 取最大值	（3）UNDRPRC1 TENURE 取中位数
TENURE	− 0. 125 *** (− 3. 80)	− 0. 129 *** (− 5. 50)	− 0. 106 *** (− 3. 33)
LstPE	− 0. 006 *** (− 5. 82)	− 0. 007 *** (− 6. 09)	− 0. 006 *** (− 5. 81)
ONNET_RT1	− 2. 903 *** (− 3. 19)	− 3. 192 *** (− 3. 45)	− 3. 156 *** (− 3. 47)
OFFNET_RT1	− 0. 576 *** (− 3. 09)	− 0. 591 *** (− 3. 16)	− 0. 551 *** (− 3. 00)
AUDNUM	0. 005 (0. 60)	0. 010 (1. 14)	0. 008 (0. 90)
BANKERLIQ	− 0. 002 (− 0. 76)	0. 001 (0. 19)	− 0. 002 (− 0. 66)
IPOSIZE	− 0. 027 (− 0. 52)	− 0. 029 (− 0. 57)	− 0. 023 (− 0. 44)
BIGUNDR	− 0. 006 (− 0. 18)	− 0. 014 (− 0. 41)	− 0. 009 (− 0. 27)
BIG10	0. 027 (0. 79)	0. 031 (0. 91)	0. 032 (0. 92)
ROA	− 1. 748 *** (− 4. 05)	− 1. 730 *** (− 4. 04)	− 1. 745 *** (− 4. 03)

续表

变量	(1) UNDRPRC1 TENURE 取最小值	(2) UNDRPRC1 TENURE 取最大值	(3) UNDRPRC1 TENURE 取中位数
LEV	-0.274 (-1.42)	-0.248 (-1.30)	-0.266 (-1.38)
SIZE	-0.152 *** (-3.65)	-0.154 *** (-3.72)	-0.156 *** (-3.74)
MARGIN	0.307 ** (2.10)	0.325 ** (2.23)	0.315 ** (2.14)
GROWTH	0.011 (0.21)	0.024 (0.44)	0.014 (0.25)
FSHR	-0.002 (-0.92)	-0.002 (-0.90)	-0.002 (-1.02)
BAL	-0.061 (-1.63)	-0.056 (-1.52)	-0.062 * (-1.68)
SOE	0.031 (0.48)	0.043 (0.68)	0.033 (0.51)
SENTIMENT	-1.531 * (-1.94)	-1.130 (-1.43)	-1.608 ** (-2.06)
BULL	0.083 * (1.72)	0.073 (1.51)	0.082 * (1.69)
MARKET1	-0.130 *** (-3.20)	-0.163 *** (-4.10)	-0.162 *** (-4.14)
PLACE1	-0.182 ** (-2.49)	-0.177 ** (-2.44)	-0.186 ** (-2.56)
PLACE2	-0.201 ** (-2.35)	-0.202 ** (-2.38)	-0.207 ** (-2.42)
POLICY_2	-0.642 *** (-4.28)	-0.552 *** (-3.66)	-0.611 *** (-4.05)
POLICY_3	-0.802 *** (-5.37)	-0.679 *** (-4.51)	-0.768 *** (-5.09)

变量	（1） UNDRPRC1 TENURE 取最小值	（2） UNDRPRC1 TENURE 取最大值	（3） UNDRPRC1 TENURE 取中位数
POLICY_4	−0.817*** （−5.26）	−0.719*** （−4.58）	−0.781*** （−4.98）
行业和年份	控制	控制	控制
_cons	5.633*** （6.88）	5.458*** （6.76）	5.627*** （6.86）
N	961	961	961
F	19.84***	20.33***	19.86***
r2_a	0.591	0.598	0.590

注：$*p<0.1$，$**p<0.05$，$***p<0.01$。

5.2.6　本节结论

本节实证检验的结果表明与会发审委员的特征同公司 IPO 上市后的表现之间存在关联关系。参与公司发审会的发审委员的任期越大，新股上市首日的抑价更低。在控制了新股的网上、网下中签率，以及发行市盈率等因素后，这一结果依然存在。表明尽管在新股的定价中，发行人和承销商对公司发审会的情况已经做了考虑，但定价中对发审会的因素考虑得依然不够充分。

5.3　本 章 小 结

本章检验了发审委员任期同公司 IPO 的定价、首日抑价之间的关系，发现参加公司发审会的发审委员的任期对之均存在影响。与会发审委员的任期越高，公司新股的发行定价相对更低，而在二级市场上，这些公司的首日抑价要低于那些与会委员的任期更小的公司。本章的实证结论表明，与会委员任期所表征的发审会审核标准的严格程度对资本市场上的投资者具有信号作用，严格审核的发审会具有为过会的公司进行质量背书的功能，能提升投资者对发行人的信心，提振公司新股的需求。

第6章

结论

6.1 本书的主要结论

发审委制度是我国 IPO 核准制中最具特色的制度安排，从 1993 年建立之日起，运行已有超过 20 年的时间。该制度的作用及可能存在的问题一直是社会各界关注的热点。本书基于"陪审团"式决策的理论模型，分析了我国现行发审委制度下发审委员的决策行为，并对其中的发审委员任期的制度安排进行了研究。本书选取了 2006 年至 2012 年 10 月 10 日（此后一年多时间内 IPO 处于暂停状态）间由发审委员审核的拟 IPO 公司为样本。发现发审委员的审核行为受两方面的影响。一方面，发审委员的身份能够为发审委员提供寻租的机会，发审委员存在对部分拟 IPO 公司不严格审核的动机。发审会上，同拟 IPO 公司间接关联（如通过拟 IPO 公司的承销商作为桥梁相关联）的与会委员越多时，IPO 申请被否决的概率越低。另一方面，证监会在发审委换届时，对于审核质量较差的发审委员会予以撤换。公司在上市后发生业绩迅速"变脸"的概率同该公司发审会与会委员中被提前"撤换"的委员人数之间存在显著的正相关关系。为更长时间地保有这一身份，发审委员存在"从严"审核的需要。考虑到发审委员任期的设定："每届的任期为 1 年，最多连任 3 年"，伴随着发审委员任期的延续，前述两项动机此长彼消，使得发审委员的审核标准随之降低，审核的质量也逐渐下降，表现为同样的业绩条件和财务状况下，公司发审会的与会委员的任期值越大，公司通过发审会的概率越高。

发审委作为 IPO 审核的专家决策系统，是鉴定拟 IPO 公司质量的官方机

构，发审会与会委员所持审核标准的严格程度对投资者感知拟 IPO 公司的质量
存在影响。具体表现为当拟 IPO 公司发审会的与会发审委员履任时间较短时，
由于审核相对严格，能降投资者对公司质量的担忧。发行人和承销商对之新股
进行定价时，会确定相对高的发行价；反之，则以相对低的市盈率发行，让更
多参与询价的机构投资者的报价成为有效报价，从而让更多的投资者获得新
股，以降低发行的风险。尽管如此，二级市场上的投资者对这些定价相对低的
公司热情一般，新股的抑价水平相对更低。可见，发审委作为鉴证中介，对于
过会公司的质量具有一定的信号作用。

从这些结果可以发现，尽管发审委制度存在一定的问题，但对于整个资本
市场而言，发审委具有明显的信息中介的特征。该项制度的运行对整个资本市
场存在广泛而深远的影响。

6.2　本书的主要贡献和创新点

本书在分析了发审委员决策行为的基础上，发现发审委制度确实存在一定
的问题，尤其是其中的发审委员任期的制度安排存在需要改进的地方。与此同
时，发审委同时又具有明显的鉴证中介的特点。这些为注册制时代的发行审核
制度安排提供了一些可以参考和借鉴的经验及教训。此外，考虑到发审委制度
是专家群体决策制度的典型代表，在现实的管理活动中广泛的应用，本书的研
究结论也为类似的组织制度设计提供了一些可供参考的意见和建议。本书主要
的贡献和创新点如下。

首先，本书首次发现了发审委员同发行申请人之间的寻租行为并非一一对
应的关系，承销商在寻租的过程中起到重要作用。借由承销商，发审委员可以
助力那些看似没有关联的公司通过发审会，以获得其他公司的审计等业务作为
回报，表明"桥"在社会网络群体进行利益交换，特别是"灰色"利益交换
过程中的重要性值得重视。丰富了已有关于发审委员寻租途径的研究，对社交
网络中个体利益交换途径的研究也有所拓展。此外，本书的研究结论对独立董
事、审计师等存在独立性要求的对象的相关研究也具有一定的启示意义。

其次，本书首次依循"陪审团"式决策的决策模型进行了实证检验，实
证的证据支持了决策者在决策中需要平衡第一类错误和第二类错误的理论假
设，支持了该模型的科学性。而文章发现的与会委员的任期同审核标准的严格

程度之间的相关关系的经验证据，说明参与决策人员的任期对于此类特殊的决策方式的科学性存在影响，这为提升此类决策方式科学性的研究提出了新的研究问题。

最后，在分析发审委员任期的制度安排对资本市场的影响的研究中，将一级市场的定价和二级市场的抑价二者结合起来考察，而非传统的仅考虑二级市场的首日表现，对于分析我国股票市场的"高抑价"现象提供了更为完整的分析视角，丰富了新股抑价的影响因素，拓展了抑价成因的相关研究。

6.3　研　究　展　望

本书首次尝试了对发审委制度，这一我国 IPO 核准制中特有的制度，在运行中所存在的问题及在资本市场中所发挥的作用进行了研究。但受研究数据等的限制，如缺少发审委员个人投票的信息、发审委员个人的行为偏好等，相关指标的度量存在一定的瑕疵，也未能分析发审委员具体的个人特征是否能对评审的结果存有影响，以及如果存在影响，影响的程度究竟如何等。这些在一定程度上限制了本书研究结论的科学性，也是后续的研究需要努力的方向之一。考虑到实际社会中，有诸多同发审委制度类似的制度安排，如董事会决策制度、评标委员会制度、采购委员会制度等，在大数据时代的背景下，这些组织的运作留下了海量的数据，不论是关于这些委员投票的信息，抑或是这些委员的个人特征、行为偏好等，这些都为研究此类群体决策行为的影响因素，以及如何提升此类决策的科学性提供了丰富的数据资料和众多的研究机会。

依据已经公开的信息，尽管我国的 IPO 制度最终将由核准制向注册制迈进，负责 IPO 审核的发审会很可能会被聆讯委员会所取代，但会议的参与人员和组织形式得以保留。截至封笔时，我国实施的还是 IPO 核准制。为提高发行审核的效率，证监会在 2017 年对发审委制度做了进一步的调整，主要的变化包括：不再区分主板和创业板发审委员，而是将之合并，组建"大发审委"；设立了发审委遴选委员会来选聘发审委员，以及审核监察委员会来监察相关的发审工作；将委员的任期由 3 年减至 2 年，并明确每年至少更换一半，并要求专职委员在任职期间禁止买卖股票。而整个发审委工作的流程安排则依然执行《中国证券监督管理委员会发行审核委员会工作细则》，并未予以调整。文中提及的影响发审委员"弃真"和"纳伪"的其他因素也依然存在，比如证监会对审核结果"纳伪"的连带责任等。新的发审委制度的改革，比如增设审核监察委员会，承诺对问题委员的终身追责等，都提高了发审委员"纳伪"的成本，在一定程度上能合理解释 2017 年以来 IPO 申请否决率的上升，也即本书中对审核行为分析的逻辑在新的发审委制度下也是依然成立的。鉴于本书的研究目的并不在于探究公司过会的决定因素，而是研究发审委员的审核行为，认为其在决策的过程中需要平衡"弃真"和"纳伪"两类错误。为此，行文中有较大的篇幅集中于论述发审委员如何平衡这两类错误。而发审委员的任期主要是对发审委员"弃真"和"纳伪"动机强度变化的一个度量。本书的实证结果为发审委员审核行为的分析提供了经验证据的支持。

在 2017 年的制度改革之前，发审委员发挥作用的空间受到了初审环节较大的限制，但结合前述相关分析，即使在发审委员我们依然观测到了委员的任期所存在的影响，如果减少预审意见的限制，给予发审委员更多的决策权力，发审委"弃真"和"纳伪"两类行为动机的变化对于审核标准的影响可能将更为严重。而运用这一思路来分析新的发审委制度，将会发现新的制度可能仍有尚待完善的地方：其一，如若发审委员长期处于发审的高压态势，将可能使之选择过于严厉的审核标准，如此，将可能使许多资质尚佳的公司错失上市融资的机会，这与当下降低工业企业杠杆的宏观经济目标是不符的。其二，在 2017 年之后发审委员的任期被缩短为 2 年，发审委员生涯的初期和后期交互的时间更短，尤其是任满两届必须更换，委员在完成第一届的任职后，马上就进入委员生涯的最后一届。发审委员可能在委员生涯的早期严格审核，在委员生涯的后期放宽审核标准，因此不排除发审委员从第一届任期时的"弃真"极端转入第二届任期时的"纳伪"极端，使得审核的标准在"过于严厉"和"过于宽松"之间摇摆，这无疑对资本市场的发展是不利的。

此外，本书的研究对象限定为发审委制度，专注于研究发审委员任期的制度安排，而对于承销商、负责 IPO 审计的会计师事务所等其他中介在 IPO 活动中的作用，行动的动机和目的等尚未做进一步的分析，如承销商作为在 IPO 寻租活动中的中介，其行为的成本和收益究竟如何，寻租活动对于承销商挑选服务对象决策的影响等；负责 IPO 审计的会计师事务所对于此类服务对象的审计质量如何把握，在审计收费方面会如何应对等，这些问题都有待后续的研究来解答和完善。

参 考 文 献

［1］曹凤岐，董秀良. 我国 IPO 定价合理性的实证分析 ［J］. 财经研究，2006. 32 （6）：4 - 14.

［2］陈辉发，蒋义宏，王芳. 发审委身份公开、会计师事务所声誉与 IPO 公司盈余质量 ［J］. 审计研究，2012 （1）：60 - 68.

［3］陈运森，郑登津，李路. 民营企业发审委社会关系，IPO 资格与上市后表现 ［J］. 会计研究，2014 （2）：12 - 19.

［4］杜兴强，赖少娟，杜颖洁. "发审委"联系，潜规则与 IPO 市场的资源配置效率 ［J］. 金融研究，2013 （3）：143 - 156.

［5］郭泓，赵震宇. 承销商声誉对 IPO 公司定价、初始和长期回报影响实证研究 ［J］. 管理世界，2006 （3）：122 - 128.

［6］黄亮华，陈运森，谢德仁. 注册会计师考试，签字会计师人力资本与审计质量 ［J］. 中国会计评论，2013 （3）：343 - 366.

［7］赖少娟，杜兴强. 权力的"恶之花"：IPO 中的寻租、审计市场异化与资本市场惩戒 ［J］. 投资研究，2012 （12）：10 - 32.

［8］李冬昕等. 询价机构报价中的意见分歧与 IPO 定价机制研究 ［J］. 经济研究，2014，49 （7）：151 - 164.

［9］李敏才，刘峰. 社会资本，产权性质与上市资格——来自中小板 IPO 的实证证据 ［J］. 管理世界，2012 （11）：110 - 123.

［10］刘煜辉，沈可挺. 是一级市场抑价，还是二级市场溢价——关于我国新股高抑价的一种检验和一个解释 ［J］. 金融研究，2011 （11）：183 - 196.

［11］曲晓辉，黄霖华. 投资者情绪，资产证券化与公允价值信息含量——来自 A 股市场 PE 公司 IPO 核准公告的经验证据 ［J］. 会计研究，2013 （9）：14 - 21.

［12］权小锋，洪涛，吴世农. 选择性关注、鸵鸟效应与市场异象 ［J］. 金融研究，2012 （3）：109 - 123.

［13］邵新建等．投资者情绪、承销商定价与 IPO 新股回报率［J］．金融研究，2013（4）：127－141.

［14］宋双杰，曹晖，杨坤．投资者关注与 IPO 异象——来自网络搜索量的经验证据［J］．经济研究，2011：145－155.

［15］谭劲松，孔祥婷，易阳．会计师事务所发审委身份与 IPO 客户质量——基于寻租假说与声誉假说的实证研究［J］．中国会计与财务研究，2013，15（2）.

［16］谭劲松，黎文靖．国有企业经理人行为激励的制度分析：以万家乐为例［J］．管理世界，2002（10）：111－119.

［17］田利辉．金融管制、投资风险和新股发行的超额抑价［J］．金融研究，2010（4）：85－100.

［18］万华林，陈信元．股东监督，薪酬契约有效性与在职消费——基于国有企业经理人"59 岁现象"的研究［J］．中国会计与财务研究，2012，14（4）：111－174.

［19］王兵，辛清泉．寻租动机与审计市场需求：基于民营 IPO 公司的证据［J］．审计研究，2009（3）：74－80.

［20］吴文斌，李曜．我国 IPO 询价制度下承销商和询价机构行为的实证研究［D］．工作论文，2012.

［21］伍燕然，韩立岩．不完全理性：情绪与封闭式基金之谜［J］．经济研究，2007（7）：117－129

［22］徐浩萍，罗炜．投资银行声誉机制有效性——执业质量与市场份额双重视角的研究［J］．经济研究，2007，42（2）：124－136.

［23］杨瑞龙，王元，聂辉华．"准官员"的晋升机制：来自中国央企的证据［J］．管理世界，2013（1）.

［24］于富生，王成方．国有股权与 IPO 抑价——政府定价管制视角［J］．金融研究，2012（9）：155－167.

［25］张子炜，李曜，徐莉．私募股权资本与创业板企业上市前盈余管理［J］．证券市场导报，2012（2）：60－70.

［26］周孝华，赵炜科，刘星．我国股票发行审批制与核准制下 IPO 定价效率的比较研究［J］．管理世界，2006（11）：13－18.

［27］朱红军，钱友文．中国 IPO 高抑价之谜："定价效率观"还是"租金分配观"？［J］．管理世界，2010（6）：28－40.

［28］祝继高，陆正飞．融资需求，产权性质与股权融资歧视——基于企

业上市问题的研究［J］. 南开管理评论，2012（4）：141 – 150.

［29］Aggarwal R. ，N. R. Prabhala and M. Puri. Institutional allocation in initial public offerings：Empirical evidence［J］. The Journal of Finance，2002，57：1421 – 1442.

［30］Allen F and G. R. Faulhaber. Signalling by underpricing in the IPO market［J］. Journal of financial Economics，1989，23（2）：303 – 323.

［31］Amihud Y. ，Hauser S. and Kirsh A. Allocations，adverse selection，and cascades in IPOs：Evidence from the Tel Aviv Stock Exchange［J］. Journal of Financial Economics，2003，68：137 – 158.

［32］Aronson E. and Mills J. The effect of severity of initiation on liking for a group［J］. The Journal of Abnormal and Social Psychology，1959，59（2）：177.

［33］Arugˇaslan O，Cook D O，and Kieschnick R. Monitoring as a motivation for IPO underpricing［J］. The Journal of Finance，2004，59（5）：2403 – 2420.

［34］Baron D. P. A model of the demand for investment banking advising and distribution services for new issues［J］. The Journal of Finance，1982，37（4）：955 – 976.

［35］Barreto M. ，Ellemers N. ，and Banal S. Working under cover：performance-related self-confidence among members of contextually devalued groups who try to pass［J］. European Journal of Social Psychology，2006，36（3）：337 – 352.

［36］Beaver W. ，R. Lambert and D. Morse. The information content of security prices［J］. journal of Accounting and Economics，1980，2（1）：3 – 28.

［37］Benveniste L. M. and P. A. Spindt. How investment bankers determine the offer price and allocation of new issues［J］. Journal of Financial Economics，1989，24（2）：343 – 361.

［38］Benveniste L. M. ，W. Y. Busaba and W. J. Wilhelm Jr. Price stabilization as a bonding mechanism in new equity issues［J］. Journal of Financial Economics，1996，42：223 – 255.

［39］Benveniste L. M. ，et al.. Evidence of Information Spillovers in the Production of Investment Banking Services［J］. The Journal of Finance，2003，58：577 – 608.

［40］Benveniste L. M. and P. A. Spindt. How investment bankers determine the offer price and allocation of new issues［J］. Journal of Financial Economics，1989，24：343 – 361.

［41］ Benveniste L. M. and W. J. Wilhelm. A comparative analysis of IPO proceeds under alternative regulatory environments ［J］. Journal of Financial Economics, 1990, 28: 173 – 207.

［42］ Bernard V. L. and J. K. Thomas. Evidence that stock prices do not fully reflect the implications of current earnings for future earnings ［J］. Journal of Accounting and Economics, 1990, 13 (4): 305 – 340.

［43］ Biais B. and A. M. Faugeron-Crouzet. IPO auctions: English, Dutch, ⋯ French, and internet ［J］. Journal of Financial Intermediation, 2002, 11: 9 – 36.

［44］ Booth J. R. and L. Chua. Ownership dispersion, costly information, and IPO underpricing ［J］. Journal of Financial Economics, 1996, 41 (2): 291 – 310.

［45］ Bortnick S. M. and M. H. Ports. Job search methods and results: tracking the unemployed, 1991. Monthly Lab. Rev. , 1992, 115: 29.

［46］ Bradley D. J. , B. D. Jordan and J. R. Ritter. Analyst Behavior Following IPOs: The "Bubble Period" Evidence ［J］. Review of Financial Studies, 2008, 21: 101 – 133.

［47］ Brau J. C. and S. E. Fawcett. Initial Public Offerings: An Analysis of Theory and Practice ［J］. The Journal of Finance, 2006, 61: 399 – 436.

［48］ Brennan M. J. and J. Franks. Underpricing, ownership and control in initial public offerings of equity securities in the UK ［J］. Journal of Financial Economics, 1997, 45 (3): 391 – 413.

［49］ Burt R. S. Structural holes versus network closure as social capital. Social capital: Theory and research, 2001: 31 – 56.

［50］ Cai N. , J. Helwege and A. Warga. Underpricing in the Corporate Bond Market ［J］. Review of Financial Studies, 2007, 20: 2021 – 2046.

［51］ Carter R. B. , F. H. Dark and A. K. Singh. Underwriter Reputation, Initial Returns, and the Long-Run Performance of IPO Stocks ［J］. The Journal of Finance, 1998, 53: 285 – 311.

［52］ Carter R. and S. Manaster. Initial Public Offerings and Underwriter Reputation ［J］. The Journal of Finance, 1990, 45: 1045 – 1067.

［53］ Chemmanur T. J. The Pricing of Initial Public Offerings: A Dynamic Model with Information Production ［J］. The Journal of Finance, 1993, 48: 285 – 304.

［54］ Chemmanur T. J. , S. He and D. K. Nandy. The Going-Public Decision and the Product Market ［J］. Review of Financial Studies, 2010, 23: 1855 – 1908.

［55］ Chemmanur T. J. , G. Hu and J. Huang. The Role of Institutional Investors in Initial Public Offerings ［J］. Review of Financial Studies, 2010, 23: 4496 – 4540.

［56］ Chemmanur T. and A. Yan. Product market advertising and new equity issues ［J］. Journal of Financial Economics, 2009, 92: 40 – 65.

［57］ Chen J. et al. . IPO offer price regulation, financial reporting quality, and IPO overpricing. Available at SSRN 2475785, 2014.

［58］ Chen Y. , H. Li and L. Zhou. Relative performance evaluation and the turnover of provincial leaders in China ［J］. Economics Letters, 2005, 88 (3): 421 – 425.

［59］ Chiang Y. , Y. Qian and A. E. Sherman. Endogenous Entry and Partial Adjustment in IPO Auctions: Are Institutional Investors Better Informed? ［J］. Review of Financial Studies, 2010, 23: 1200 – 1230.

［60］ Chowdhry B. and V. Nanda. Stabilization, syndication, and pricing of IPOs ［J］. Journal of Financial and Quantitative Analysis, 1996, 31: 25 – 42.

［61］ Cialdini R. B. Influence: Science and practice. Vol. 4. 2003: Allyn and Bacon Boston, MA.

［62］ Cliff, M. T. and D. J. Denis, Do Initial Public Offering Firms Purchase Analyst Coverage with Underpricing? ［J］. The Journal of Finance, 2004, 59: 2871 – 2901.

［63］ Coase R. H. Problem of social cost ［J］. the journal of law and economics, 1960, 3: 1.

［64］ Cohen L. , A. Frazzini and C. J. Malloy. Hiring cheerleaders: Board appointments of "independent" directors ［J］. Management Science, 2012, 58 (6): 1039 – 1058.

［65］ Cornelli F. and D. Goldreich. Bookbuilding and Strategic Allocation ［J］. The Journal of Finance, 2001, 56: 2337 – 2369.

［66］ Cornelli F. and D. Goldreich. Bookbuilding: How informative is the order book? ［J］. The Journal of Finance, 2003, 58: 1415 – 1443.

［67］ Cornelli F. , D. Goldreich and A. Ljungqvist. Investor Sentiment and Pre-IPO Markets ［J］. The Journal of Finance, 2006, 61: 1187 – 1216.

［68］ Corwin S. A. , J. H. Harris and M. L. Lipson. The Development of Secondary Market Liquidity for NYSE – Listed IPOs ［J］. The Journal of Finance, 2004, 59: 2339 – 2374.

［69］ Corwin S. A. and P. Schultz. The Role of IPO Underwriting Syndicates: Pricing, Information Production, and Underwriter Competition ［J］. The Journal of Finance, 2005, 60: 443 – 486.

［70］ Degeorge F. , F. Derrien and K. L. Womack. Analyst Hype in IPOs: Explaining the Popularity of Bookbuilding ［J］. Review of Financial Studies, 2007, 20: 1021 – 1058.

［71］ Derrien F. IPO pricing in "hot" market conditions: Who leaves money on the table? ［J］. The Journal of Finance, 2005, 60 (1): 487 – 521.

［72］ Derrien F. and A. KecskÉS. The Initial Public Offerings of Listed Firms ［J］. The Journal of Finance, 2007, 62: 447 – 479.

［73］ Drake P. D. and M. R. Vetsuypens. IPO underpricing and insurance against legal liability ［J］. Financial Management, 1993: 64 – 73.

［74］ Dwyer W. L. In the Hands of the People: The Trial Jury's Origins, Triumphs, Troubles, and Future in American Democracy ［M］. St. Martin's Press, 2004.

［75］ Ellul A. and M. Pagano. IPO Underpricing and After-Market Liquidity ［J］. Review of Financial Studies, 2006, 19: 381 – 421.

［76］ Gelfand A. E. and H. Solomon. Considerations in building jury behavior models and in comparing jury schemes: an argument in favor of 12 – member juries ［J］. Jurimetrics Journal, 1977: 292 – 313.

［77］ Gimeno J. et al. Survival of the fittest? Entrepreneurial human capital and the persistence of underperforming firms ［J］. Administrative science quarterly, 1997: 750 – 783.

［78］ Gondat-Larralde C. and K. R. James. IPO Pricing and Share Allocation: The Importance of Being Ignorant ［J］. The Journal of Finance, 2008, 63: 449 – 478.

［79］ Griffin J. M. , J. H. Harris and S. Topaloglu. Why are IPO investors net buyers through lead underwriters? ［J］. Journal of Financial Economics, 2007, 85: 518 – 551.

［80］ Guay W. R. , S. P. Kothari and R. L. Watts. A market-based evaluation of discretionary accrual models [J]. Journal of accounting research, 1996: 83 – 105.

[81] Gul F. A. , J. Kim and A. A. Qiu. Ownership concentration, foreign shareholding, audit quality, and stock price synchronicity: Evidence from China [J]. Journal of Financial Economics, 2010, 95 (3): 425 – 442.

[82] Hanley K. W. The underpricing of initial public offerings and the partial adjustment phenomenon [J]. Journal of financial economics, 1993, 34: 231 – 250.

[83] Hanley K. W. and G. Hoberg. Litigation risk, strategic disclosure and the underpricing of initial public offerings [J]. Journal of Financial Economics, 2012, 103: 235 – 254.

[84] Hanley K. W. and G. Hoberg. The Information Content of IPO Prospectuses [J]. Review of Financial Studies, 2010, 23: 2821 – 2864.

[85] Harris D. and C. Helfat. Specificity of CEO human capital and compensation [J]. Strategic Management Journal, 1997, 18 (11): 895 – 920.

[86] Hoberg G. The Underwriter Persistence Phenomenon [J]. The Journal of Finance, 2007, 62: 1169 – 1206.

[87] Jegadeesh N. , M. Weinstein and I. Welch. An empirical investigation of IPO returns and subsequent equity offerings [J]. Journal of Financial Economics, 1993, 34: 153 – 175.

[88] Jenkinson T. I. M. and H. Jones. Bids and Allocations in European IPO Bookbuilding [J]. The Journal of Finance, 2004, 59: 2309 – 2338.

[89] Jenkinson T. and H. Jones. IPO Pricing and Allocation: A Survey of the Views of Institutional Investors [J]. Review of Financial Studies, 2009, 22: 1477 – 1504.

[90] Jenkinson T. , A. D. Morrison and W. J. Wilhelm Jr. Why are European IPOs so rarely priced outside the indicative price range? [J]. Journal of Financial Economics, 2006, 80: 185 – 209.

[91] Kalvan H. and H. Zeisel. The American Jury, 1966.

[92] Kaneko T. and R. H. Pettway. Auctions versus book building of Japanese IPOs [J]. Pacific-Basin Finance Journal, 2003, 11 (4): 439 – 462.

[93] Kaplow L. and S. Shavell. Economic analysis of law [M]. Handbook of public economics, 2002, 3: 1661 – 1784.

[94] Kaustia M. and S. KnÜPfer. Do Investors Overweight Personal Experience?

Evidence from IPO Subscriptions [J]. The Journal of Finance, 2008, 63: 2679 – 2702.

[95] Kerins F., K. Kutsuna and R. Smith. Why are IPOs underpriced? Evidence from Japan's hybrid auction-method offerings [J]. Journal of Financial Economics, 2007, 85: 637 – 666.

[96] Klevorick A. K., M. Rothschild and C. Winship. Information processing and jury decisionmaking [J]. Journal of Public Economics, 1984, 23 (3): 245 – 278.

[97] Kutsuna K., J. K. Smith and R. L. Smith. Public Information, IPO Price Formation, and Long-Run Returns: Japanese Evidence [J]. The Journal of Finance, 2009, 64: 505 – 546.

[98] Kutsuna K. and R. Smith. Why Does Book Building Drive Out Auction Methods of IPO Issuance? Evidence from Japan [J]. Review of Financial Studies, 2004, 17: 1129 – 1166.

[99] Lee C., A. Shleifer and R. H. Thaler. Investor sentiment and the closed-end fund puzzle [J]. The Journal of Finance, 1991, 46 (1): 75 – 109.

[100] Lee P. J., S. L. Taylor and T. S. Walter. IPO underpricing explanations: Implications from investor application and allocation schedules [J]. Journal of Financial and Quantitative Analysis, 1999, 34 (4): 425 – 444.

[101] Lewellen K. Risk, Reputation, and IPO Price Support [J]. The Journal of Finance, 2006, 61: 613 – 653.

[102] Li H. A theory of conservatism [J]. Journal of Political Economy, 2001, 109 (3): 617 – 636.

[103] Liu X. and J. R. Ritter. Local underwriter oligopolies and IPO underpricing [J]. Journal of Financial Economics, 2011, 102: 579 – 601.

[104] Liu X. and J. R. Ritter. The Economic Consequences of IPO Spinning [J]. Review of Financial Studies, 2010, 23: 2024 – 2059.

[105] Ljungqvist A. IPO underpricing [M]. Handbook of Empirical Corporate Finance, 2005, 2: 375 – 422.

[106] Ljungqvist A. P., T. Jenkinson and W. J. Wilhelm Jr. Global integration in primary equity markets: The role of US banks and US investors [J]. Review of Financial studies, 2003, 16: 63 – 99.

[107] Ljungqvist A. P. and W. J. Wilhelm Jr. IPO allocations: discriminatory

or discretionary? [J]. Journal of Financial Economics, 2002, 65: 167 – 201.

[108] Ljungqvist A. and W. J. Wilhelm. Does Prospect Theory Explain IPO Market Behavior? [J]. The Journal of Finance, 2005, 60: 1759 – 1790.

[109] Loughran T. and J. R. Ritter. Why Don't Issuers Get Upset About Leaving Money on the Table in IPOs? [J]. Review of Financial Studies, 2002, 15: 413 – 444.

[110] Lowry M. , M. S. Officer and G. W. Schwert. The Variability of IPO Initial Returns [J]. The Journal of Finance, 2010, 65: 425 – 465.

[111] Lowry M. and S. Shu. Litigation risk and IPO underpricing [J]. Journal of Financial Economics, 2002, 65: 309 – 335.

[112] McLean R. D. and M. Zhao. The Business Cycle, Investor Sentiment, and Costly External Finance [J]. The Journal of Finance, 2014, 69: 1377 – 1409.

[113] Michaely R and W. H. Shaw. The pricing of initial public offerings: tests of adverse-selection and signaling theories [J]. Review of Financial Studies, 1994, 7: 279 – 319.

[114] Muscarella C. J. and M. R. Vetsuypens. A simple test of Baron's model of IPO underpricing [J]. Journal of financial Economics, 1989, 24: 125 – 135.

[115] Oliveros S. Abstention, ideology and information acquisition [J]. Journal of Economic Theory, 2013, 148 (3): 871 – 902.

[116] Pagan A. R. and K. A. Sossounov. A simple framework for analysing bull and bear markets [J]. Journal of Applied Econometrics, 2003, 18 (1): 23 – 46.

[117] Persico N. Committee design with endogenous information [J]. The Review of Economic Studies, 2004, 71 (1): 165 – 191.

[118] Ritter J. R. and I. Welch. A review of IPO activity, pricing, and allocations [J]. The Journal of Finance, 2002, 57 (4): 1795 – 1828.

[119] Rock K. Why new issues are underpriced [J]. Journal of financial economics, 1986, 15 (1): 187 – 212.

[120] Schenone C. The effect of banking relationships on the firm's IPO underpricing [J]. The Journal of Finance, 2004, 59 (6): 2903 – 2958.

[121] Sherman A. E. Global trends in IPO methods: Book building vs. auctions with endogenous entry [J]. Journal of Financial Economics, 2004.

[122] Shivakumar L. Do firms mislead investors by overstating earnings before

seasoned equity offerings? [J]. Journal of Accounting and Economics, 2000, 29 (3): 339 – 371.

[123] Shrieves L. Middle-agers Need Savvy Resume For Job Hunt, in Orlando Sentinel, 1995.

[124] Stoll H. R. and A. J. Curley. Small business and the new issues market for equities [J]. Journal of Financial and Quantitative Analysis, 1970, 5 (3): 309 – 322.

[125] Stoughton N. M. and J. Zechner. IPO-mechanisms, monitoring and ownership structure [J]. Journal of Financial Economics, 1998, 49 (1): 45 – 77.

[126] Taranto M. A. Employee stock options and the underpricing of initial public offerings. Available at SSRN 479901, 2003.

[127] Tinic S. M. Anatomy of initial public offerings of common stock [J]. The Journal of Finance, 1988, 43 (4): 789 – 822.

[128] Wang Q., T. Wong and L. Xia. State ownership, the institutional environment, and auditor choice: Evidence from China [J]. Journal of Accounting and Economics, 2008, 46 (1): 112 – 134.

[129] Welch I. V. O. Seasoned Offerings, Imitation Costs, and the Underpricing of Initial Public Offerings [J]. The Journal of Finance, 1989, 44: 421 – 449.

[130] Welch I. V. O. Sequential Sales, Learning, and Cascades [J]. The Journal of Finance, 1992, 47: 695 – 732.

[131] Yang Z. Do political connections add value to audit firms? Evidence from IPO audits in China [J]. Contemporary Accounting Research, 2013, 30 (3): 891 – 921.

[132] Yung C. IPOs with Buy-and Sell-Side Information Production: The Dark Side of Open Sales [J]. Review of Financial Studies, 2005, 18: 327 – 347.

后 记

　　衷心感谢导师谢德仁教授的精心指导。谢老师于我，恩同再造。谢老师的言传身教将使我终生受益。

　　感谢首都经济贸易大学会计学院领导的关心帮助，让我得以尽快地融入了会计学院的教学和科研生活，本书的顺利出版还得感谢经济科学出版社谭志军编辑的无私帮助；另外，也要感谢我的家人和众多好友的关心和照顾，使得我在众多繁杂的琐事中抽身出来，得以有一段安静的时光来整理自己在这方面的一点研究成果和心得。本书是教育部人文社会科学研究项目"发审委员的 IPO 审核质量研究：驱动因素和经济后果"（项目号：16YJC630039）和国家自然科学基金青年项目"基于计算机文本分析的 IPO 申请材料的披露质量研究"（项目号 71602131）的阶段性成果。

　　本书主要的研究方法和数据收集都源自笔者在攻读博士学位期间所打下的基本功，各部分的主要内容经修改后在不同的学术会议和研讨会报告交流，并陆续发表在专业领域内的学术期刊，因此需特别感谢清华大学经管学院会计系的各位老师，以及博士课程期间的各位老师。感谢各个阶段帮助我改进和完善的各位老师。感谢同师门的兄弟姐妹们，感谢会计系的各位师兄师姐师弟师妹们，感谢 2010 级博士班的各位同窗们，感谢大家给予的各种鼓励、帮助和支持，因为大家，才有了一段如此美好而幸福的岁月。

　　由于笔者才疏学浅，难免有不当之处，诚盼读者批评指正（邮件：huang-glianghua@ cueb. edu. cn；地址：北京市丰台区张家路口 121 号首都经济贸易大学会计学院，邮编：100070）。